読みなおす日本史

はんこと日本人

門田誠一

吉川弘文館

目　次

序章　はんこと人生

将又甚六郎《はたまたじんろくろう》りんじゆたしかに自筆に書置いたされ、年寄五人組の加判たのみ、十七日過ぎて内蔵をひらき、親類中立会是をあらため、それぞれに相渡申せとのいげん、則目録の通り書しるし、貴様へも此飛脚に所務《しょむ》分送り申候

（さてまた、甚六郎は臨終のときも取り乱さず、自筆で遺言状を書き置き、年寄・五人組の加判を頼み、十七日過ぎてから内蔵を開き、親類中が立ち会って遺言状どおりに確認して、各人に渡すようにとの遺言でしたので、目録のとおりに書きしるし、あなたにもこの飛脚に託して形見分けをお送りいたします）

井原西鶴《いはらさいかく》（一六四二〜九三）が書簡体という方法で江戸時代の町人生活を生き生きと描いた『万文反古《よろずのふみほうぐ》』巻三「明けて轟く書書の箱の段」に出てくる一節からは、この当時の遺言が自筆であり、年寄五人組の判が押されていなければならないことがみてとれる。

はんこは現代の私たちの生活のなかで、さまざまな人生の節目や転機などの重要な場面において、ある意味では本人以上の主役となることもあるが、江戸人の生の幕引の際にも重要な役割を演じていたのである。

江戸時代の遺言（『商人《あきんど》軍配図《ぐんばいうちわ》』享保18年〈1733〉より）
息子３人を呼びよせての遺言の場面。

私事を例にとると、中学校を卒業するとき、アルバムなどとともに記念品として一つの三文判をもらった。上等とはいえない深緑色の印鑑袋に入ったその小判形の印面に彫られている自分の名前をみたとき、それが大人への片道切符であるかのような、はにかみに似た喜びと不安を感じたことを覚えている。それは今ももっているが、けっして大切にしていたからではなく、それどころか同じような三文判や職場で使う朱肉の要らないネーム印などが、いつのまにか増えていくうち、多くのはんこのなかに埋もれ、忘れさられた結果として、その古い三文判は残ったのである。

今の日本でむやみにはんこを押すことは、ときに人生を左右するほどの大事につながったり、とりかえしのつかない不幸にみまわれることがある。それほどに私たちをとりまく社会や経済活動など、そして日々の暮らしのなかで重要なものであるにもかかわらず、この日本でごく普通に生きていると、ここかしこで買ったり、もらったりしたはんこが、いつのまにかどんどん増えていってしまう。小さな箱に無造作に入れてある、形も材質もまちまちの安物のはんこを眺めていると、まるで子供のころの捨てそこねたおもちゃであふれているおもちゃ箱を思い出し、また、自分自身の人生の塵芥《ちりあくた》をみせられているようでもある。「男はがらくたをひきずって生きていながら、それががらくたであることをわすれようとしている」という、アルメニア人の作家ウィリアム・サローヤン（William Saroyan 一九〇八〜八一）の少し気障《きざ》な言葉もなんとなくわかるような気がしてくる。

おそらく日本人の大人であれば、自宅のたんすや職場の机の引き出しなどからかき集めると、数本のはんこが出てくるのではないだろうか。そして、その多くが三文判といわれるもので、どこで入手したのかも多くの場合は忘れていることが多く、それはいっぽうでは生活のなかでのはんこ使用のひんぱんさのゆえであり、また逆に一生を左右するようなものでありながら、私たち日本人がきわめて安易に接している道具であることをも示している。

本人が出向いて、さらに顔写真がつけられている自動車免許証などを提示するよりも、文房具屋の店先に並べられている三文判を押さなければ書類が交付されなかったり、手続きができなかったりした経験を、誰もが一度や二度はもっているのではないかと思う。そんなとき、事務的処理方法に対する不満とは別に、大量生産された三文判の印判の朱をみながら、この日本では自己そのものやその意思がいったいどのようにして確認され、そこから生まれる「信用」というものが、どのようなものなのかという不条理を感じた方も多いはずである。

このようなはんこの使用法は、日本文化や日本人の生活の特色となるほどに私たちの生活様式や心の構造にまで深く入りこんでいるものであり、宅配便の受取りに使う三文判から不動産売買の主役である実印まで、誰もが日常的にはんこを使い、依存してさえいる。

日本人は、なぜ、いつごろから、個人の認識や識別、さらには目にみえる「信用」までを負わせた、このような棒状の物体を、押し続けてきたのか。日本独特の「はんこ社会」「はんこ文化」の形成と特質をさまざまな視点から眺めていきたいと思う。

第1章　権威としての印章

「はんこ」「印鑑」「印章」

ここまではんこという言葉をひんぱんに使用してきたが、その他にも印章、印鑑、あるいは印判《いんばん》などの名称が広く使われている。はんこという呼称以外では印鑑という言葉が日常的にはよく使われるが、これはとくに照合のためにあらかじめ登録しておいた印影からくるもので、いわば、はんこの使用形態の過程で生まれた名称である。

また、押捺《おうなつ》するはんこ以外にも、のちにふれる書判《かきはん》としての花押《かおう》を代表格として、日本の歴史のなかではんこの機能をはたしたものもあり、中世では花押のことを判と呼んでいるように、押捺するものと書くものとをふくめると「はん」というのが、もっとも包括的な呼び方であり、そのうちの押捺するものについて印判という言葉がある。現在は一般的にはあまり使用されないが、美術的な陶磁器の用語としてスタンプによる絵付を印判手などと呼ぶのもここに由来している。

いっぽう、印章というのは現行の刑法に「印章偽造罪」などとあるように、もっとも公式的な呼び方となっているが、その淵源は中国の秦漢《しんかん》代に整備されたはんこの制度によっている。普段の一般的な生活では印章という言葉はほとんど使わないので、本書では〝はんこ〟という、もっとも慣れ親しんだことばを主として、記述と行文のなかで、適当と思われる言葉を使用することにしたい。

文字を刻んだはんこのうち、日本で発見されたなかで、もっとも古いものはいうまでもなく福岡県志賀島《しかのしま》で発見された「漢委奴国王《かんのわのなのこくおう》」の金印であり、これは中国の皇帝から授けられたものである。また、邪馬台国の女王卑弥呼《ひみこ》も金印をもらっているはずであるが、こちらのほうは発見されていない。奴国王や卑弥呼のように、中国の皇帝からはんこを授けられるということはどのような意味をもつのかを、まず考えてみたい。

中国におけるはんこのはじまり——秦代以前

中国ではんこの存在が確かめられているのは、今のところ戦国時代あたりからであるらしい。それより古い、殷時代のはんこと称されるものも台北の故宮博物院には所蔵されているが、これまでのところ十数回におよぶ殷墟《いんきょ》（河南省安陽市にある殷代の遺跡）の発掘調査でも類品は出土しておらず、確実な資料的うらづけがなされていない。

真贋《しんがん》は別にして、はんこの印影の集成は中国ではさかんに行われており、印譜《いんぷ》としてすでに宋代には編纂されていたらしいが、ここでは確実な出土資料を例にとって、すこし中国のはんこの実例をみていくことにする。

戦国時代のはんこといわれるものも、いろいろな博物館が所蔵しているが、発掘調査によって出土したり、そうでなくても出土した地点が明らかなものは非常に少ない。その多くは銅製で印面が方形であるが、なかには変わった形をしているものもある。発掘調査で出土したのではないが、出土地が明らかなもののなかで、戦国時代のはんことしては非常に珍しい円筒形のはんこが知られている。

これは一九六四年に山東《さんとう》省五蓮《ごれん》県にある斉《せい》国の遺址とされる盤古城《ばんこじょう》から発見されたもので、全体は円筒形にちかいが中空で印面は方形である。さらに、中空の部分には木の残痕があり、木製の柄のようなものをつけて使用していたらしい。

秦漢までの印章は紙に直接押すのではなく、のちにのべるように文字を書いた木の板（木簡《もっかん》）の束を封印《ふういん》するためのものであるので、陰文つまり文字の部分をくぼませて彫り込む陰刻がほとんどだが、この印は字の部分以外を彫りくぼんである陽刻となっている。印面には「左桁正木」の四字がみられる。用途についてはよくわからない点が多いが、印面には火を受けたあとはみられず、いわゆる焼き印ではなかったと考えられる。しかも、このような同じ印面をもつはんこが一三個同時に発見されており、食料を入れた壺の口をふさいだ粘土の封印（封泥）として押されたり、運搬する荷物の封印に使用されたのではないかと考えられている。

盤古城出土銅印印影

ここまで、意識的に戦国時代のはんこと呼んできたが、これには理由がある。すなわち、戦国時代までは使われる文字には種類があるが、はんこのことは主として「璽《じ》」といわれていたとされているためである。『史記』にいくつかの例をみると、始皇帝《しこうてい》の九年（紀元前二三八）四月には嫪毐《ろうあい》が「王御璽《おうぎょじ》・太后璽《たいこうじ》」をいつわって使用し、兵を発して反乱をおこそうとしたが発覚したという記載があり（始皇本紀第六）、また、同じく二十六年（紀元前二二一）に秦が天下を統一したときの始皇帝の詔《みことのり》として、「かつて韓王《かんおう》は秦に土地を納めて、璽を呈して、藩臣にならんことを請うた」とあり、これによると韓王も「璽」をもっていたことがわかる。戦国時代には国家の主権を示すはんことしての「璽」があったことが知られるが、また別に「印」というはんこもあった。『史記』甘茂《かんも》伝には「秦王はいったん秦の臣となった甘茂を高い位と宰相の印をもって再び迎えようとしたが、甘茂はそれを断った」とあるように、臣下の最高位には相印《そういん》というものが与えられたことも知られる。

　この他にも例はあるが、秦の始皇帝が中国を統一するまでは、「璽」あるいは「印」という字をもつはんこがあったことが知られ、王のはんこが「璽」という共通する呼び方である以外は「璽」「印」という使用の区別ははっきりとわかれていなかったのではないかとみられている。これらのことから、秦代以前のはんこについては「璽印」と呼ばれることが多い。

はんこによる権威と序列――始皇帝以後

　戦国時代には各国の王が璽という字の記されたはんこをもっており、国内の列侯《れっこう》や百官《ひゃっかん》にも印を与えたと考えられているが、それを統一した秦王政《せい》がはじめて皇帝という称号を行った。すなわち始皇帝であるが、このときにあたって「皇帝璽」を制定し、これが皇帝の統治権の象徴となった。『史記』（高祖本紀第八）では漢の元年十月に、秦王嬰《えい》がのちの劉邦《りゅうほう》すなわち漢（前漢）の高祖《こうそ》に降伏する場面で、「素車を白馬にひかせ、首には鈕《ちゅう》をかけ、皇帝璽・符《ふ》・節《せつ》を函《かん》に封じて、軹道亭《しどうてい》のかたわらにすわった」という場面があり、皇帝璽以下の三種が皇帝の統治権を示すものであることが象徴的に語られていることからもわかる。

その劉邦のおこした漢も同様の印章の制度を受けついだが、漢代の政治体制である郡国制では漢の領域内にも王がいたから、彼らにも璽というはんこが授けられることになった。

漢代のはんこによる政治的身分秩序を簡単にみておきたい。まず、皇帝のもつ璽には「皇帝行璽《こうじ》、皇帝之璽、皇帝信璽《しんじ》、天子行璽、天子之璽、天子信璽」の六璽がある。白玉でつくられており、鈕、つまり、つまみの形態は「螭虎鈕《ちこちゅう》」というものである。皇后の璽も皇帝と等しく玉璽で、印文には「皇后玉璽」とあり、金の螭虎鈕であったという記載がある（後漢の衛宏《えいこう》の『漢官旧儀《かんかんきゅうぎ》』巻上）。皇后玉璽については実物の可能性の考えられるものが知られている。一九六八年に、前漢の創始者である劉邦つまり高祖と彼の糟糠《そうこう》の妻である呂后《ろこう》の陵墓である長陵《ちょうりょう》の西の地点（発見時の地名は陝西《せんせい》省韓家湾《かんかわん》公社狼家溝《ろうかこう》）で発見された一辺二・八センチの方形の玉印には、「皇后之璽」の四字が陰刻されていた。長陵の位置については、これを疑う説もあったが、約二キロ東側で「長陵東瓽」の文字瓦当《がとう》が発見されていることや、西側からはこの皇后玉璽が発見されていることから、「高祖の陵は長陵の西にあり、呂后の陵は長陵の東にあり」という記載（『史記』外戚世家の注に引く『関中記《かんちゅうき》』）を裏づけているという見解が示されている。このような見方をすると、この皇后玉璽はまさに呂后の所持していたものであるということになり、さきの「金の螭虎鈕」は「玉」の誤りであることになる。いずれにしろ、前漢代の皇后璽印の可能性が考えられる他に例のない資料である。

漢代には皇帝の臣に、内臣《ないしん》と外臣《がいしん》があって、印においてもそれぞれに異なった体系をもっていた。内臣とは中央および郡県の官僚、諸侯王・列侯以下の爵位をもつものがこれにあたる。内臣に授けられたはんこについては『漢書《かんじょ》』百官表や『漢官旧儀』に記載があるが、これらを通覧すると、漢では侯王には「璽」、高級官僚には「章」、そして、下級の官僚には「印」という字のついたはんこが授けられていたらしい。

また、そのようなはんこの文面以外に材質、鈕《ちゅう》の形、されに綬《じゅ》というはんこにつけられた紐《ひも》の色などにいたるまで、位《くらい》や秩禄《ちつろく》、すなわち現代的にいうと職階や俸給による制度的なきまりがあった。はんこそのものとそれにつけられた紐とをあわせて印綬と呼ぶのは、両方が一体となって身分を表わすものであったからである。

このことを端的に伝えるものとして『漢書』にのこされた朱買臣《しゅばいしん》の逸話がある。

朱買臣はながく不遇の時代を送っていたが、会稽太守《かいけいたいしゅ》に任じられたときも、古い衣服を着たまま、太守の印綬を懐に入れ、歩いて役所に行ったところ、たまたま酒を飲んでいた役人たちは朱買臣には

長陵の西側から発見された「皇后之璽」

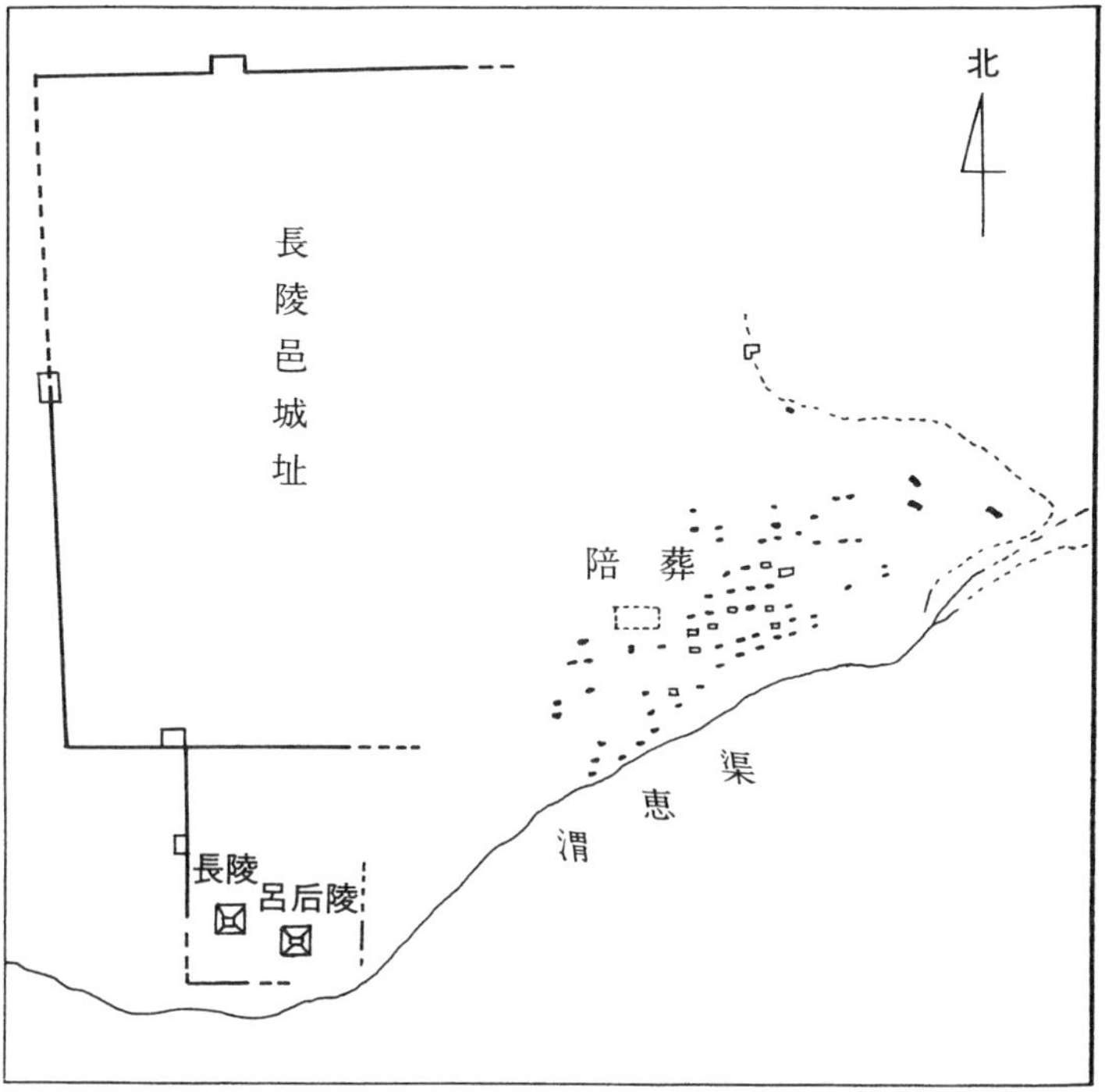

長陵・呂后陵と陵邑《りょうゆう》

目もくれなかった。朱買臣が留守居の者とともに食事をして、満腹しかけたころに綬をちらつかせたところ、不思議に思った者が近寄ってその綬を引き出し、印をみると会稽太守の印章であった。

この記述から中国では腰に佩《はい》する小さな印綬が、漢代の人びとにとっては、身分を表わすものとして認識されていたことを知ることができよう。その源泉は政治権力や行政的権力がすでに文書を通じて行われていたことにあり、文書に捺《なつ》することによって権力や行政力の発動につながる印綬が、その権能ゆえに目にみえる決定的な身分の表れとなっていたのである。

このような内臣に対して、外臣にもまた印綬が授けられた。外臣とは主として漢からみた異民族でその王や君主が漢に臣属した国をさすが、これらの国にも漢からはんこが与えられており、福岡県志賀島から出土した金印はまさにこれにあたる。また、いまだ発見されていない邪馬台国の卑弥呼がもらった金印も同様に位置づけられるものである。

第2章 「金印」とその時代　現代はんこ文化の淵源

中国皇帝から日本列島の王へ授けられた二つの金印について、その授与や発見の経緯についてみていこう。

百姓甚兵衛の見つけた金印

その金印の発見されたのは天明四年（一七八四）旧暦の二月二十三日、発見場所は筑前国那珂《なか》郡志《し》賀島《かのしま》村、すなわち現在の福岡市東区志賀島で、当時は「叶《かのう》の崎《さき》」と呼ばれたところの田んぼの境目の溝付近であった。発見者は地元の百姓である甚兵衛《じんべえ》である。彼の口上を筆記した当時の正式な公文書である「天明四年志賀島村百姓甚兵衛　金印掘リ出シ付口上書」が那珂郡役所に届け出された。それによると、おりしも溝修理の作業中に小さな石の段々があらわれ、そのうちに二人ほどで持ち上げられるほどの石が出てきたので、この石をかなてこで取り除いたら、石の間に光るものがあり、それを取り上げて水ですすいでみたら、金の印判のような物であった、という。

甚兵衛によって発見されたこの印こそ「漢委奴国王《かんのわのなのこくおう》」の金印である。歴史の教科書では、紀元五七年に朝貢した奴国王が後漢の光武帝《こうぶてい》から賜ったものという説明がされ、なじみの深いはんこである。

金印の出土した志賀島(上)と金印公園(下)

この金印はカバーに見るように、「漢委奴国王」の文字が三行に陰刻され、蛇鈕《だちゅう》といわれる蛇の形をしたつまみがついている。一辺は二・三センチの小さなはんこであるが、重さは一〇八・七グラムとずっしりと重く、ほぼ二二金にあたるのではないかと推定されている。

この金印はさまざまな点から論議の対象となってきたが、そのうちもっとも根本的な問題は偽印とする説や私印とする考え方が出されたことである。金印がにせものであるとする説はすでに松浦道輔《みちすけ》(生没年不詳)によって『漢委奴国王金印偽作弁』として、江戸時代も終りの天保七年(一八三六)に出されており、その後百年ほどして第二次世界大戦の前後に、ふたたび何人かによって論じられた。

いっぽう、私印であるという説は昭和三十年代になって東洋史学者の栗原朋信《とものぶ》氏によって出されるにいたった(『秦漢史の研究』吉川弘文館、一九六〇)。栗原氏はこの金印を中国・漢代の印章制度の観点から分析した結果、印文の冒頭に「漢」の字がある漢代の一寸四方の金印であることや、陰刻である点などは漢代の印章制度の規定にあうが、印文の面では前章にすでにふれたような「章」や「印」といった字が付されていないことに注目する。また「国」という字が加えられている点、そして文献にはラクダや亀の形をした鈕の記載はあるが、「蛇鈕」という形態は漢代の外臣の印にはみられないとして、この金印が漢代の制度を参考にして倭国の王が作った私印と考えた。

もう一つの蛇鈕金印

これらの偽印説、私印説に対して有効な反証となったのは、他ならぬ中国で発掘された漢代の金印

「滇王之印」金印（紀元前109年）

そのものであった。

その一つは石寨山《せきさいざん》遺跡（雲南省晋寧県）の第六号墓より出土した金印である。一辺二・四センチで、総高は二センチ、重さは九〇グラムであり、形態は異なるけれども志賀島出土の金印と同じく蛇鈕であり、印面の文字は「滇《てん》王之印」と陰刻されていた。この印の出土によって、真偽論争や私印であることの一つの根拠であった蛇鈕については類例が呈示されたことになる。

『史記』には紀元前一〇九年（元封二年）に前漢の武帝が西南夷を攻めたときに滇王の離難《りなん》は国をあげて降伏し、漢の役人を置いて入朝したいと請い、そのとき、漢はここを益州《えきしゅう》郡とし、滇王には王の印を賜い、もとどおりにその民の君長としたという記載があり、「滇王之印」こそが、このとき、武帝から与えられた印だと考えられている。

なお、栗原朋信氏は文献の例より、外臣の王は印文の頭には「漢」が、末尾に「章」が付された「金印・紫綬」であったとし、滇王が完全な外臣の王であればその印文は「漢滇王之章」でなければならず、完全な内臣であれば「滇侯之印」となるはずであるとし、滇王が漢の郡県支配のなかに組み込まれながら、外臣としての性質を失わなかったから、いわば折衷的な印文をもつことになったと理解している。

このように文献から復元される漢代の制度と必ずしも一致しない例は、実際に発見されている印章では、しばしばみられる。

まず、鈕の形であるが、すでにふれたように『漢書』『後漢書』『漢官旧儀』といった文献に記載された漢代の印制のなかにはラクダや亀の形をした鈕は出てくるが、志賀島で発見された「漢委奴国王」や石寨山出土の「滇王之印」に共通する蛇を象《かたど》った鈕の形については、金印としては今のところこの二点以外には類例がない。ただし、これらが前漢の皇帝から授けられたものであるかぎり、逆に印章の制度をこえた漢の柔軟な政治的方策をかいまみる資料ともなるのである。

鈕の形は金印にかぎらなければ、さまざまなものが発見されている。これについて漢魏晋代の印章を中心に、それらが授けられた民族や国との関係を追及した梶山勝《かじやままさる》氏によると、次のような傾向がみられるという（「漢魏晋代の蛮夷印の用法――西南夷の印を中心として」『古文化談叢』二一　一九八九）。

ラクダ形の鈕の印……匈奴《きようど》、鮮卑《せんぴ》、烏丸《うがん》、濊《わい》、胡《こ》、氐《てい》、叟《そう》

羊形の鈕の印……胡、屠各《とかく》、氐、羌《きよう》、夷《い》、賨《そう》、叟

蛇形の鈕の印……滇、倭、蛮夷《ばんい》

馬形の鈕の印……丁零《ていれい》

獣形の鈕の印……韓

これらは銅印を主として一部に銀印も含んでいる。鈕の形と授けられた民族や国との関係については、かつて国分直一《こくぶなおいち》氏が同じ蛇鈕である「漢委奴国王」「滇王之印」の二つの金印の共通性として、倭も滇も同じ「竜蛇に対するトーテム（ある人間集団が特殊な関係をもつとする信仰の対象となる動物や植物）的畏敬《いけい》」がはらわれていた世界であったためにわざわざ選ばれた鈕の形であると述べたことがある。

これに対して梶山氏は、もしトーテムとしての動物が鈕の形に反映したのなら、もっと多くの種類がみられるはずであるとし、さらにそれぞれの民族や国の居住地や出自、さらに生活様式を丹念に吟味し、鈕の形とを対照検討した結果、いくつかの類型にわかれるのは、鈕形の決定が個々の民族の生活様式にふさわしい動物が選ばれたからではないかと考えた。

今後さらに展開の予想される魅力的な研究対象であるが、少なくとも漢代や魏晋代において、中華

世界の人びとが、周辺の異民族に対してどのようなイメージを描いていたのかは、鈕の形を通じて現代の私たちにも伝わってくるものがあることは確かである。

亀鈕の王璽

志賀島発見の金印を考える際の貴重な比較資料として知られるもう一点は、一九八一年に江蘇《こうそ》省揚《よう》州《しゅう》市の西北約一二キロ（邗江《かんこう》県）にある甘泉《かんせん》二号墓から発見された亀鈕《きちゅう》の金印で、印面の文字には「廣陵王璽《こうりょうおうじ》」とあった。同時に出土した灯火具である青銅製雁足灯《がんそくとう》には「山陽邸銅雁足長鐙建武廿八年造比十二」という銘文があり、「建武《けんむ》」という年号で二十八年まであるのは後漢の光武帝のときのみであるので、この墓の主は建武年間に山陽王に封ぜられ、そののち永平元年（五八）に広陵王に封じられた劉荊《りゅうけい》（光武帝の第九子）であることがわかっている。この「廣陵王璽」金印は劉荊が山陽王から広陵王に封じられたときに明帝（劉荘《りゅうそう》）から劉荊に与えられたものとされている。

志賀島発見の「漢委奴国王」金印との関係でいえば、「滇王之印」が鈕をはじめとした形態の類似から対照検討されるのに対し、「廣陵王璽」のほうは、同時代の金印であることから、貴重な比較資料となり、さらには偽印説に対する決定的な反証ともなったのである。

卑弥呼のもらった金印

日本古代史上の人物のなかで、現代の新聞紙上をにぎわす女性といえば邪馬台国の卑弥呼をおいてほかにないであろう。邪馬台国や卑弥呼のことが記されている『魏志』倭人伝も、中国の史書として

「滇王之印」

「漢委奴国王」

「廣陵王璽」

「廣陵王璽」金印（紀元58年）と印影の比較（印影は原寸大）

は例外的なほど一般の日本人にも広くその名を知られている。

『魏志』倭人伝、正確には『三国志』「魏書」東夷伝のなかの倭人の条は二〜三世紀の日本列島の社会を記し、また地誌としても貴重な文献であるが、ここにも、はんこのことが記されている。

景初二年の六月に倭の女王すなわち邪馬台国の卑弥呼は、魏の出先機関である帯方《たいほう》郡に難升米《なんしょうまい》と都市牛利《としごり》という人物を遣わして、同じ年の十二月に魏は卑弥呼を「親魏倭王」に任ずるという詔書《しょうしょ》を出した。記載のとおりの「景初二年」では帯方郡をめぐって、魏と公孫氏《こうそんし》が抗争中であることや、同じ箇所を記した他の史料では「景初三年」としているものもあるので、ふつうこれは「景初三年」の誤記と解されており、西暦では二三九年にあたる。

難升米たちは、このときに「生口《せいこう》」すなわち男四人・女六人の人間と「斑布《はんぷ》二匹二丈」を献じているが、いっぽう、魏は、卑弥呼に対して「親魏倭王」という称号と「金印紫綬《きんいんしじゅ》」を、使いである難升米には「率善中郎将《そつぜんちゅうろうしょう》」、都市牛利には「率善校尉《こうい》」という印文の「銀印青綬《ぎんいんせいじゅ》」を与えている。

このほかにも魏はいろいろの高級な織物、「真珠」、顔料と思われる「鉛丹《えんたん》」や「金八両」「五尺刀二口」、そしてそれらとともに「銅鏡百枚」を与えており、この銅鏡が日本から出土するどの鏡に該当するかということで、さまざまな議論と論争がくりひろげられているのである。卑弥呼のもらった鏡は日本列島からすでに出土しているどの種類の鏡かにあたるのだが、同じときに卑弥呼や難升米たちがもらったはんこについては、もちろん実物は出土しておらず、単純に考えると、それらのはんこが出た場所が邪馬台国の所在を確定する決定的な証拠になるはずである。

江戸時代以来の長きにわたって、多くの人たちが議論してきた邪馬台国の位置論争に対して、すでにふれた漢代の金印などの例からみても、おそらく一辺二センチあまりだと思われる小さなはんこが、その答えを解くもっとも有力な鍵となるというのは、「はんこ社会」の日本には似つかわしく、歴史が用意した上質の諧謔《かいぎゃく》のようにも思える。

江戸時代の書物に現れた「親魏倭王」印

いまだに発見されていないはずの、卑弥呼に与えられた金印の印影がすでに江戸時代の書物にのせられているといえば、誰しもが驚きと疑いをもち、矛盾を感じるはずである。

江戸時代後期の国学者・考証学者であり、清朝の考証学の影響をうけ、現代の学問的な分野からいえば、考古学資料についても多くの集成と考察を残している藤貞幹《とうていかん》（一七三二〜九七）の著書の一つである『好古日録《こうこにちろく》』には、「親魏倭王」の印影が掲載されているのである。藤貞幹はその出典について『宣和集古印史《せんわしゅうこいんし》』という、中国の印譜すなわち印影を集成した書物のなかに載せられていたものであることを明らかにしており、さらに「鈕製《ママ》ヲ脱ス。惜シムベシ」とあって、鈕の形態が記されていないことを残念がっている。

「宣和」は北宋の徽宗帝《きそうてい》（一〇八二〜一一三五、在位一一〇〇〜二五）の在位中の年号（一一一九〜二五）である。芸術を好み、自らも書画・詩文をよくした徽宗帝は、『宣和印譜』という中国最古の印譜を編纂したといわれているが、この印譜は今に伝えられることなく、すでに失われている。『宣和集古印史』は書名からは、この印譜と同じ時期に編纂されたと思われるが、藤貞幹は明代の万暦《ばんれき》時代（一五七三～一六二〇）の墓から出たものであると記している。

しかし、この印譜については偽書であると考えられており、ここに載せられている「親魏倭王」の印影も確実なものとはみられていない。また、三世紀代に日本列島にもたらされたはずの金印が、なぜ中国の八百年も後の印譜に載せられていたかという基本的な問題もある。卑弥呼が魏からもらったはんこは、まだ日本のどこかの土のなかに埋まっている可能性が高く、ある日、突然、私たちの前に千数百年ぶりに、その輝きをみせてくれるかもしれない。その日は待ち遠しくもあり、また、いっぽうでは祝祭の終りを憂えるのに似た思いがよぎるのは、邪馬台国の問題に興味をもつ多くの日本人の偽りのない感懐ではないかと思う。

『好古日録』に載せられた「親魏倭王」印影（縮尺不明）

下賜品としての金印

卑弥呼に与えられた品々が書かれている『魏志』倭人伝の記された詔書のくだりをよく読むと、卑弥呼の国がはるか遠いにもかかわらず、使いを遣わして朝貢したことに対して、魏はその忠孝をはなはだ哀れんで、卑弥呼を「親魏倭王」となし、また「金印紫綬」を「仮」し、「装封《そうふう》」して帯方太守に託し、「仮授《かじゅ》」した、とあり、卑弥呼が僻遠の地から朝貢をはたしたそのこと自体に対する賜り物として、「金印紫綬」が位置づけられていることが読みとれる。また、使節となった難升米と都市牛利に対しても、「遠きを渉《わた》り、道路勤労す」つまり、遠路を苦労してやって来たので、「引見労賜《いんけんろうし》」、労をねぎらい与えられたものが彼ら二人に賜った「率善中郎将」と「率善校尉」の「銀印青綬」であると詔書は記している。さらに、「また降地交龍《こうちこうりゅう》錦《きん》五匹、降地縐粟罽《すうぞくけい》十張、蒨降《せんこう》五十匹、紺青《こんせい》五十匹を以て、汝が献ずる所の貢直に答う」とあり、これらの高級な織物が卑弥呼が献じた男四人・女六人の「生口」と「斑布二匹二丈」に対する答礼であって、その次にあげられている「紺地《こんち》句文錦《くもんきん》三匹、細斑《さいはん》華罽《かけい》五張、白絹五十匹、金八両、五尺刀二口、銅鏡百枚、真珠、鉛丹各々五十斤」は「特に賜う」ものであることを明記しているのである。

これらをみると、卑弥呼の「忠孝」に対する「金印紫綬」、難升米と都市牛利の「道路勤労」に対する「銀印青綬」、卑弥呼の貢献した物に対しての高級織物というように、詔書には明帝が何に対して賜り物をするかという理由とその結果としての個々の品々というように逐条的に因果関係が明らかにされている。これをみると、倭の朝貢ということ自体に対してのもっとも高い位置づけの下賜品こそが、卑弥呼に与えられた「親魏倭王」の「金印紫綬」であったことがはっきりする。すなわち、魏は倭に対する下賜品のなかで、このはんこをもっとも価値と権威のあるものとして認識して与えたことになり、これはすでにふれた中華世界における印章の表わす身分や権威の体系のなかでこそ理解されるべきことであろう。同様に遣使である難升米と都市牛利に対しても、中華世界の権威・秩序のもとでの論功行賞がなされたのである。

「仮授」の意味

「金印紫綬」を賜わる際に、卑弥呼は「仮」されたのであり、帯方太守に託し、「仮授」したという表記がされていることにも注目しなければならない。この二つの「仮」「仮授」という言葉は、私たちが現在使う意味での「間に合わせに」とか「一時しのぎに」あるいは「非公式に」という意味で使われているのではない。この「仮」「仮授」については、研究者によって、賜う、借りるあるいは一時着用するというようなさまざまな解釈もある。

これについて『三国志』『後漢書』『宋書』『晋書』などに出てくる「仮」「仮授」の用例を詳しく分析した武田佐知子氏は、印綬のみならず衣服も中国皇帝を中心とした身分秩序を表わすものであるとしたうえで、これらの文字は印綬や衣服を身に佩用《はいよう》あるいは着用する資格を意味したとし、それらが実際に与えられる場合が多いが、賜与されない場合もあり、そのような例として『三国志』「魏書」韓伝の「下戸《かこ》」の記述のように邑落に住む一般的な構成民が「自服印綬衣幘《いさく》千有余人」というのは「自ら具《そな》え作って着用した」ことを意味すると考えた（『古代国家の形成と衣服制』吉川弘文館　一九八四）。

しかし、卑弥呼の場合の「仮授」は金印を佩用する「親魏倭王」としての身分資格と権利とともに金印そのものも実際に与えられているのであることから、名実ともに魏の皇帝を中心とした身分秩序のもとに入ったのであり、その意味では現代日本のはんこ社会風の言葉を使うとすると、金印は中華世界的な「信用」の証ということができるだろう。

そして、金印に体現される魏の権威を背景として、中華世界の外縁へと秩序体系を広げていくという構図が、邪馬台国の卑弥呼の政治的手法であった、と考えられるようになってきている。ただし、これに対してさきの武田氏は、中国では身分秩序とそこから生じる権威の、もっとも本質的な目で見える標識として認識されているのは印綬であったが、中華世界の外に位置する韓や倭は、別の物品にその権能をもとめたとしている。武田氏によると、たとえば、韓は「衣幘」を求めたために「其俗好衣幘」、すなわち衣服をことさらに好む民族であると魏の側には映ったのであろうとし、韓の有力者の側は一般の人びとに対する優位を明らかにするために、魏の政治的権力を目で見える形で表わす「衣幘」が、いわば政治的な統治手段として必要とされたという。

そのような「印綬にまさるもの」となる中華世界の権力を根源とした身分標識は、倭の場合は、すでにふれた『魏志』倭人伝の明帝の詔書で、「特に賜う」ものとしてあげられた「紺地句文錦三匹、細斑華罽五張、白絹五十匹、金八両、五尺刀二口、銅鏡百枚、真珠、鉛丹各々五十斤」が該当するという。これらについては「還《かえ》り到らば録受し、悉《ことごと》く以て汝《なんじ》が国中の人に示し、国家汝を哀《あわ》れむを知らしむ可《べ》し。故に鄭重に汝に好物を賜うなり」と、明帝の詔書のなかに明示されている。つまり、使いである難升米と都市牛利が帰ったときには、詔書と照合して受け取り、さらにこれらの下賜品のすべてを国中の人びとに見せて、魏の国が卑弥呼を大切にしていることを知らせなければいけない、だからこそ鄭重に「好物」を賜うのである、という老婆心的なまでの魏の配慮と卑弥呼に対する指示が書き連ねられている。そして、このような認識を受けている鏡や剣をはじめとした品々が邪馬台国の女王卑弥呼をはじめとした支配階層の身分標識として権威の後ろ楯《だて》となったというのである。その背景には、すでに弥生時代の北部九州では鏡・剣・玉が死者に添えられることから、すでにこれらの器物に身分標識としての機能があったと武田氏は述べている。

倭人は金印文字を理解したか

倭人が印綬よりも鏡や剣を重要なものと考えたとする見方の背後には、当時の倭人が印綬の機能を理解していたかということと、そこに書かれた文字すなわち漢字が理解できたかという二つの問題がひそんでいる。これは卑弥呼が魏に認められたことを、倭国の内部に対して印綬のみで理解させ、知らしめることができなかったためであると考えることや、または小さな印面に刻まれた「親魏倭王」の文字が、当時の日本列島に住む人びとに正しく理解されたとは考えにくいという思いの前提となっている。

弥生時代に倭人がみずからの手で残した文字はいまだ発見されていないが、漢字の記された器物は弥生時代にはすでに日本列島に持ち込まれている。それは弥生時代の中期後半ごろの遺跡から出土する半両銭《はんりようせん》や五銖銭《ごしゆせん》などの中国の貨幣や前漢時代の銅鏡であり、とくに前漢鏡には、楚《そ》の屈原《くつげん》とその流れをくむ宋玉《そうぎょく》らの詩文（辞賦《じふ》）を前漢の劉向《りゆうきよう》が編纂したといわれる『楚辞』の、憂愁に満ちながらも現世的な明朗さをもった文章が銘文として選ばれている。前漢代の銘文をもつ鏡を模したと考えられている弥生時代の日本製の鏡は、本来、漢字の銘文であったところを蕨《わらび》の先端のような意味不明の文様につくりかえてしまっていることから、弥生人たちが漢字を解したとは考えにくいということの物質的な根拠としてあげられる場合が多い。

これに対して、弥生人そのものが文字を解したかどうかは別にしても、朝鮮半島や中国からの渡来者であったかもしれないが、実用に十分な程度に文字を理解した人びとが弥生時代の日本列島には存在したという見方もつよい。その根拠をもとめるためには、ふたたび『魏志』倭人伝の記述そのもののなかにもどらねばならない。

「王、使いを遣わして京都・帯方郡・諸韓国に詣り、及び郡の倭国に使するや、皆、津に臨みて捜《そう》露《ろ》し、文書・賜遺《しい》の物を伝送して女王に詣らしめ、差錯するを得ず」、つまり「女王・卑弥呼が使者を派遣して魏の都である洛陽《らくよう》や帯方郡または諸韓国に行かせるときや帯方郡の使者が倭に使いするときにも、それらの使者はみな、港で文書や賜物の点検確認をうけ、女王のもとに届いた際に間違いのないようにする」ということが述べられているように、中国皇帝からの使者は文書をもって倭国を訪れたことになり、倭の側ではこれを点検することができたと読み取れる。また、すでにふれたように魏は賜り物をする際に、卑弥呼の使いの都市牛利らに対して、帰国したならば、詔書と照合して受け取り、さらにこれらの下賜品のすべてを国中の人びとに見せて、魏の国が卑弥呼を大切にしていることを知らせなければいけない、だからこそ鄭重に「好物」を賜うのである、と伝えていることからも、倭人には文字を解する者がいることを少なくとも魏の側は認識し、前提としているのである。

　これに対し、梶山勝氏のように、中国の皇帝より与えられる印綬は文字を知らない異民族にも与えられるということを強調する見解もある（「『漢委奴国王』金印と弥生時代の文字」『古文化談叢』三〇〈上〉一九九三）。その根拠として『三国志』「魏書」鮮卑伝に、鮮卑の有力者である軻比能《かひのう》（?～二三五）が、輔国《ほこく》将軍の鮮于輔《せんうほ》に送った次のような手紙があげられている。

> 私は夷狄ゆえ文字を知らず（自分の心を伝える手段がないので）、校尉の閻柔《えんじゅう》どのが代わって私の厚い忠誠心を天子さまに伝えて下さったのです。（中略）私は夷狄でありますゆえ礼儀は存じませんが、私の兄弟や息子や孫は天子さまから印綬を授かっております。牛馬とて水や草のおいしさを鑑別いたします。ましてや私は人の心を持っておるのでございます。将軍さまには、どうか私に代わって私の忠誠を天子さまにお知らせくださいますように。（内田吟風・田村実造他訳注『騎馬民族史　1　正史北狄伝』東洋文庫　平凡社　一九七一）

同じ「魏書」鮮卑伝には中原から逃れて身を寄せる人びとから学んで、軻比能自身は多少は文字を知っていたことが記されているが、この手紙の文面からは彼は皇帝に直接上表しておらず、輔国将軍の鮮于輔を通じて行っており、よって軻比能自身を含めて彼の兄弟や子や孫が必ずしも自由に文字を使用できたとは限らないとみられている。

鮮卑は倭と同じく、魏の外臣として印綬を授かっており、このことから、文字を解さない異民族に対しても印綬は授けられるのであり、その場合、皇帝の側は異民族の王・侯には文書による上表文を期待しておらず、それゆえに「璽」「印」などの身分を表わす文字が使用されていないと梶山氏は述べている。つまり、異民族の王などの場合は、押印すなわち文書を綴った木簡《もっかん》を封印することによって身分を表わすのではなく、印は携帯するけれども身分を表わすのみであるとし、印綬を与えられることは必ずしも上表文をはじめとした文書の作成を意味しないとみているのである。

韓国南部での筆の発見

このような見方に立つと、後漢や魏から金印をもらった奴国王も卑弥呼も文字の使用を期待されていなかったことになるが、実際に中華世界からみた異民族の文字使用の痕跡、それも日本列島にもっとも近い場所で文字の使用をあとづける貴重な資料が発掘調査によって得られている。

それは他ならぬ文字を書くための道具である筆の出土である。韓国の南岸に近い慶尚南道昌原郡（発掘当時は義昌郡）にある茶戸里《タホリ》遺跡の一号木棺墓《もっかんぼ》では棺の下に穴を掘って埋められた竹籠の中から、銅鏡、五銖銭《ごしゅせん》、帯鉤《たいこう》などの前漢時代の青銅製品や漆塗りの鞘《さや》に入れられた銅剣、黒漆塗りの農具や容器などとともに五本の筆が出土している。

この筆は筆軸の部分は断面が円形で、中実であり（空洞ではない）、長さは二三・四センチほどで黒漆が塗られている。さらに特徴的なことは、筆の毛が両側につけられていることと筆軸の両端から二センチほどの部分と中ほどに小さな穴のあけられている点である。

筆は字を書くときだけに用いるのではなく、絵を描くときや化粧をするときに用いたり、あるいは漆を塗るときに用いるなど、他の用途も十分に考えられる。これに対し、発掘者である李健茂《イコンモ》氏は後漢の王充《おうじゅう》の著した『論衡《ろんこう》』という書物に「満身これ知能の人」は、「すべからく三寸の舌、一尺の筆を用いて活躍できる」(効力篇)とみえることや、前漢時代の一尺は約二二・五センチ、新《しん》や後漢時代の一尺は二三・〇四センチで、いずれも二三センチ前後であって、茶戸里で出土した筆も二三・四センチ前後と、ほぼ漢代の一尺にあたることを文字を書いた筆とみる有力な証拠としている。さらに、中国で発掘された戦国から秦・漢代の筆にも、空洞ではない軸の一端に穴をあけて筆毛を挿入した後、紐《ひも》で固定し、漆を施した例があり、この点も茶戸里出土品と共通していると述べている。

また、茶戸里一号墳からは筆とともに鉄製の刀子《とうす》が出土している点も有力な傍証となる。日本では主として刀子というが、これは小刀のことであり、中国の文献では「書刀《しょとう》」とされることもある。名称はともかく、小さなナイフはいまだ紙の用いられない時代にあって、うす板である木簡が書写材料であったため、表面に書いた字を削って訂正したり、再利用するために筆とともに文字を書くには必要なものであり、その関係はあたかも現代における鉛筆と消しゴムにたとえられる。

中国の場合、書刀は銅製であることが多く、茶戸里の出土品は鉄製である点が異なるが、楽浪地域

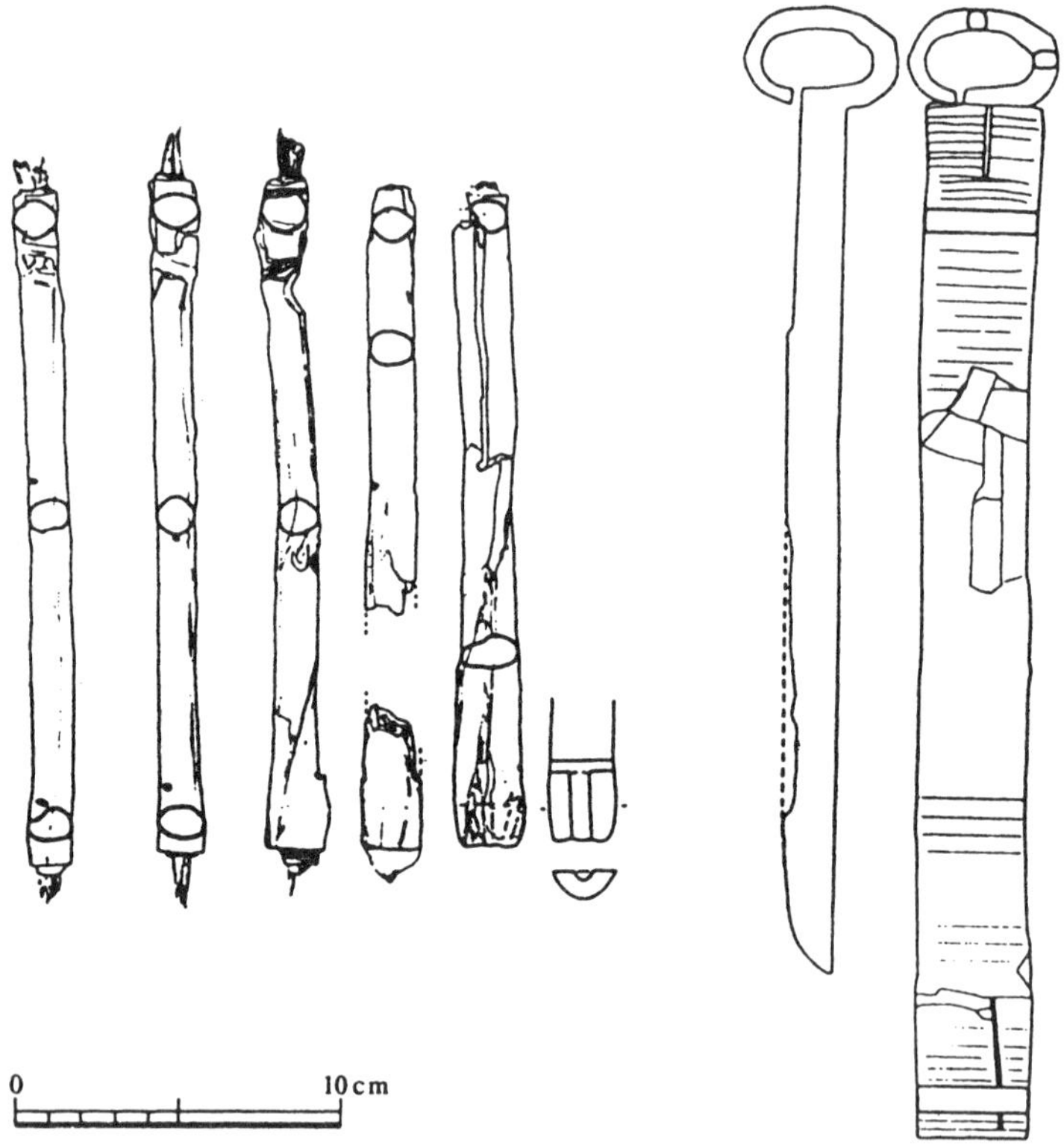

茶戸里１号木棺墓出土の筆（左）と刀子（右）

などでは鉄製のものも出土していることから、茶戸里出土品も書刀として問題ないとし、これらの根拠からも李氏はこの筆が文字を書くために使われたものであることを強調している（「茶戸里遺跡出土の筆について」『考古学誌』四　韓国考古美術研究所　一九九二）。

茶戸里一号墳は出土した前漢時代の鏡などから紀元前一世紀後半ごろのものとみられており、日本では弥生時代の中ごろにあたる。この時期に九州からもっとも近い朝鮮半島の南端部ですでに文字の使用を裏づける証拠が発見されていることは、日本列島における文字使用を考える際にも直視しなければならない事実である。

さらにまた、この墓よりは少し時代は下るが、『後漢書』韓伝に光武帝の建武二十年（四四）に韓人廉斯人《れんしじん》の蘇馬諟《そばし》らが楽浪郡に貢献して「漢廉斯邑君《かんのれんしゆうくん》」に封ぜられて、以後も朝貢することになったとあり、この「廉斯邑」を茶戸里の周辺に比定しようとする見方もある。「廉斯」という地名は『三国志』「魏書」韓伝のなかにも出てくる。それは、次のような記事である。

王莽《おうもう》の地皇《ちこう》年間（二〇～二三）に、辰韓《しんかん》の右渠師《うきよし》という階層にあった「廉斯鑡《さく》」という人は、楽浪郡が豊かで人びとの楽土であることを聞き及んだ。彼は楽浪に投降しようと村を出て、途中で韓に捕えられた漢人に会い、彼の仲間一〇〇〇人を救出した。その功績によって、楽浪郡から田や宅地、冠や衣装をもらい、その子孫は数代つづいて、徭役《ようえき》免除の特権を受けていた、というものである。

これらの記事にみられるように、朝鮮半島南部は楽浪郡と密接な関係をもち、一世紀ごろにはその風説を聞いて、出かけようとする人の逸話もあるほどであった。さらに楽浪の直接の影響のもとに形成された茶戸里遺跡にみられるように、弥生時代の日本列島のすぐ間近には中国の文字文化が展開していたと考えられるのであり、「漢委奴国王」の金印の時代にも、中国文献のなかからの解釈ではなく、物質的な状況証拠として当時の倭人が文字を使用していた可能性が高まっているといえる。

権威の証《あかし》としての印章

卑弥呼が「親魏倭王」の称号と金印をもらったのと同じころに、外交的な意味としては同様の称号を、はるかにはなれた西域《さいいき》の大月氏《だいげつし》国の王が皇帝から授かっている。大月氏というのは現在のアフガニスタンを中心にしたクシャン族の王朝で、二二九年に王の波調（ヴァースデーヴァ）が使いを遣わしたので、魏は王に「親魏大月氏王」の称号を与えている。魏の成立後まもない時期に、はるかに離れた西と東の国からも魏に朝貢する国のあったことに政治的な意味をもとめる考え方があるが、要するに魏の側からの政治的な問題関心から称号や印章を与えているのである。逆に、他の民族の名前を記した中国の印章をみずからの権威の証として保持した例も知られている。

『三国志』「魏書」夫余《ふよ》伝には、遼東《りょうとう》に威を張った公孫氏が二三八年に魏によって滅ぼされた後も、夫余の倉庫には漢の皇帝から下賜された玉製の儀器である璧《へき》・珪《けい》・瓚《さん》などとともに「濊王《わいおう》之印」を蔵していると記されており、漢代以来、夫余の王はこの印章を持っていたことがわかる。印文自体はすでにみた「滇王之印」と同様な性格の印章であると考えられるが、そこには「夫余」とは記されずに、

在の咸鏡南道、咸鏡北道）に住んだ民族であり、しばしば「穢貊《わいばく》」と並べて称されるが、この場合は「濊」と記されていることに注意しなければならない。濊は穢とも記され、朝鮮半島の東海岸沿い（現
中国の東北部から、朝鮮半島の東海岸までを含む広い地域を対象とした民族概念と考えられている。

栗原朋信氏は「濊王之印」はもともと前漢の武帝が元朔《げんさく》元年（紀元前一二八）に濊の地に蒼海《そうかい》郡を設けた際に、濊王である南閭《なんりょ》に与えたものと推定している（前掲『秦漢史の研究』）。そうだとすると、濊族の王に与えられた印章が変転をへて、三百年以上も後に異なる民族の夫余の王の所有するところとなっていたことになる。その間の経緯は史書の記載からはよくわからないが、夫余王が「濊王之印」を所持することの意味は、「穢貊」族の盟主としての権威づけに対する欲求があったとみられている。すなわち、夫余王が自らの民族だけでなく、より広い地域の政治的権威に対して、三百年も前に他民族の王が授けられた漢代の印章に、その拠りどころを求めている点が注目されるのである。

このような例は印章というものが長い年月の間、伝えられ、長い距離を移動することもあることを示している。おなじく濊に関係するものとして、北朝鮮の平壌《ピョンヤン》市で発見された紀元前一世紀ごろの貞《チョン》柏《ベク》洞《ドン》一号墓から「夫租薉君《ふそわいくん》」の印文をもつ銀印が出土していることもあげておこう。この銀印は本来、「夫租」の地すなわち朝鮮半島の東海岸である咸鏡南道地域に居住した薉（濊）族の君長に与えられたものであると考えられるが、それがなんらかの曲折をへて、平壌市にある楽浪時代の墓に埋められることになった。

「夫租薉君」銀印の印影
（5/4に拡大）

このように、印章は移動し、それは印章がもつ権威を希求する人や時機によって起こりうることなのである。

第３章　古代東アジアの封泥

書写材料としての木簡

前章までで、いろいろな例をあげて述べてきたように、皇帝を中心とした中華世界と、日本列島をも含んだその周縁に位置する地域や民族における印章の権威の淵源は、基本的には文書を発する際に、封印をする道具としての権能に発している。

これまでもしばしばふれてきたが、書写材料として紙を用いるようになるまでは、印章は直接紙に押されたものではない。紙は後漢代の元興《げんこう》元年（一〇五）に、宮中用度係の長官ともいうべき尚方令《しょうほうれい》の蔡倫《さいりん》によって発明されたというのが通説であったが、近年では前漢時代の遺跡から紙の出土が報じられている。たとえば、放馬灘《ほうまたん》遺跡（甘粛省《かんしゅく》天水市《てんすい》）では前漢時代の早い時期（紀元前一七六〜前一四一ごろか）の紙に書かれた地図が出土しているのをはじめとして、紀元前一世紀ごろのものとされる紙が何点か知られるようになっている。ただし、これらの紙はどちらかというと繊維の固まりのようなもので、表面があまり平滑ではなく、書写材料としては使いにくいものであったとされている。

紙が広く用いられるようになるのは、ふつう蔡倫の活躍したころからといわれている。それまで使われた書写材料が木牘《もくとく》・竹簡《ちっかん》である。文字を書くために加工した木片あるいは薄板が木牘であり、竹の場合は竹簡である。本来、簡とは竹の札のことを指すので、材料によってこのように分ける場合もあるが、ふつうは文字を書く札を一般に木簡と呼んでいる。

木簡の長さは時代や用途によってさまざまだが、中国の場合を例にとると、漢簡と呼ばれる漢代の木簡の標準的なものは長さ約二三センチ、幅約一センチ、厚さ〇・二～〇・三センチほどとされ、長さは漢代の尺度での一尺、幅は五分ということになる。これを基本として長さや幅を延ばしたものがあり、それによって名称も異なるが、なかには長さ六七・八センチにも達するもの（居延漢簡《きょえんかんかん》のうち）も発見されている。

日本では今のところ藤原宮時代である七世紀代の木簡がもっとも古いとされている。全体としてみると、奈良時代のものが多く、古墳時代以前の木簡は出土していない。奈良時代の木簡は長さ二〇センチ前後、幅二～三センチのものが多いといわれている。なかには有名な「尋ね馬」の木簡――行方不明の馬を探す目的で書かれた――のように、長さ一メートルほどもあるきわめて大きいものがあるが、これは立て札的な用途として使われたものである。

封泥――木簡を封印した印章

木簡を用いて文書を送る際に、もう一枚の木簡を重ねて紐で縛って文面を覆う場合と、紐で縛った後に粘土を用いた封印をして、その上に印章を押したものがあり、これは封泥《ふうでい》と呼ばれる。このときには検《けん》という封泥を入れる部分をもった木の枠や覆いを使用するが、その実物はいわゆるシルクロードの諸遺跡で発見されている。なかでも有名なものとしてはニヤ遺跡（中国 新疆ウイグル自治区）から出土した木簡があり、これは封泥の使用例としてしばしば紹介される。文書自体もカロシュティーという西北インドから中央アジアで使用されていた文字が使用されており、東西文化の流れを物語る資料でもある。

このように紙が広く書写材料として使われる以前の印章は、文書を綴った木簡を封ずるための粘土に押されるものであり、その使用法から文字の部分がへこんでいる陰刻が中心となっていたのである。つまり、粘土に押した際には字の部分が盛り上がった形になるわけで、押捺する対象に適した印面の形態であった。すでにふれた福岡県志賀島出土の「漢委奴国王」金印も、卑弥呼のもらったとされる金印も、文書を書いた木簡を封ずることを前提とした道具である。弥生時代の倭人が文字による中国皇帝への上表を期待されていたという状況証拠の一つとしてあげられるのも、印章のこのような使用法によっている。

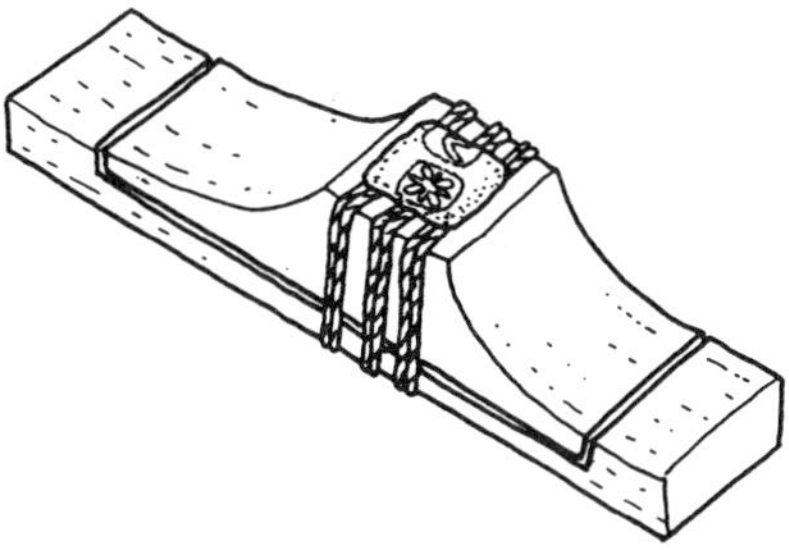

封泥の使用法
粘土で封印された木簡文書の模式図。ニヤ遺跡（中国）出土、後漢時代。

封泥は発信者の行った封印であるため、封泥のみが出土する場合、原則としてその地点が文書の着信地であると考えられる。別の言い方をすれば、押された印章の持ち主は原則として封泥の出土地すなわち着信地にはいないことになる。封泥はこの他に品物を入れた容器を封印するために使われることもあり、そのような用途の例は多いが、なかでも前漢時代の生けるがごとき死体が発見されたことで有名な馬王堆《まおうたい》漢墓では、死者に添えられた品物を入れた行李《こうり》などが封泥によって封じられていた。

文書や物品を封印したものではないが、封泥と同様に粘土に印章を押したものに呪術的な力があるという神話的記載もある。道教および神仙思想の基本的な書である葛洪《かっこう》（二八三～三六三?）の『抱朴子《ほうぼくし》』内篇には、「黄神越章《こうしんえつしょう》」の印を粘土に押して住居の四方に貼っておくと虎や狼の侵入を防げるとか、この印を身につければ悪神や災禍、悪疾などの通路を断ち切ることができるとも述べられている。その例として、石頭水《せきとうすい》（江蘇省か?）という川に病気を起こさせる大きな亀がいたが、呉の戴昞《たいへい》という道士が偶然これをみかけて、「黄神越章」の印を粘土に押したものを数百個、舟から池に投げ入れると大きな亀は浮き出て動けなくなったので、打ち殺したところ病人はみな治癒した、という話が載せられている。粘土に押した印章にかかわるものとしては珍しい信仰的な説話である。

絵画のある封泥

封泥には基本的には官職や身分を示した文字が刻まれており、これによる封印がその文字のもつ権威を体現することになるのであるが、なかにはたんなる模様ではなく、構図をもった絵画が表わされているものも知られている（関野雄「臨淄封泥考」『東洋学報』七二―一・二　一九九〇）。

中国・山東省の臨淄《りんし》は春秋・戦国時代の斉《せい》国の都のあったところで、故城の内部も発掘調査されており、周辺から封泥が出土している。また、臨淄故城の東側一キロほどのところからも数多くの封泥が発見されているが、こちらは時代的に前漢代のものとされている。ここから文字のある封泥とともに見つかった絵画表現のあるものは画像封泥といわれ、その構図については関野雄氏が解釈を試みている。

それによると、この封泥の画像は建物の屋根の下には建築部材の表現がなされ、さらにこの建物は周囲に垣根のある楕円形の敷地のなかに建っている。垣根にはところどころ切れ目があり、これは門とされている。門のなかには荷物を載せる一輪車のような表現があり、その右側には手に何か長いものを持った人物が立っている。関野氏はこのような画像の構成について、門に囲まれた役所のなかに到着した一輪車の積み荷が下ろされているところであり、それを一人の役人が木簡文書の帳簿と照合しながら、傍らにある建物に収納している場面を表わしたものであると解釈している。

臨淄出土の画像封泥（原寸大）

それにしても官名や所属などを記すことによって公的な行政力や権威を表わす印章とその産物である封泥には、いかにも不似合いな、いささか牧歌的な描写である。関野氏は公的な用途に使われたものとは考えにくく、この地方の倉庫番が私的な貸借や収支の文書を封印するのに使ったのではないかと想定している。

この画像封泥がどんな人によってどのような場合に使われたかは、まだはっきりしない点が多いが、わずか数センチの粘土のかたまりに古代の生活と人のぬくもりがこめられているような、珍しくも微笑ましい資料として紹介しておきたい。

楽浪出土の封泥

これまでもしばしばふれてきた楽浪郡は臨屯《りんとん》、真番《しんばん》、玄菟《げんと》の各郡とともに、前漢の武帝が紀元前一〇八年に朝鮮半島に置いた四郡の一つであり、三一三年に高句麗《こうくり》によって滅ぼされたとされている。楽浪郡の治所、すなわち政治・行政の中心的な役所の位置については、当初、北朝鮮の平壌市内を流れる大同江《テードンガン》の北岸にあるという説と南岸に存在するというふうに意見が分かれていた。そして、この楽浪郡治の位置を確定するものとしても封泥が重要な根拠となった。平壌市域の大同江南岸の土城洞《トソンドン》(平壌市楽浪区)には周囲の長さが一・五キロほどの土で築いた不整形な城壁をもつ遺跡があり、一九一三年にはじめて発掘調査が行われてから、「楽浪礼官」「楽浪富貴」などの銘文のある軒丸瓦《のきまるがわら》などとともに、楽浪郡の長官である「楽浪太守章」をはじめとし、「帯方令印《たいほうれいいん》」「屯有令印《とんゆう》」「昭明丞印《しょうめいじょういん》」

「提奚長印《ていけいちょういん》」「長岑長印《ちょうしんちょういん》」など楽浪郡に属する県の長などの銘のある封泥が発見されたことによって、設置当初からの郡治かどうかは別にしても、ここが楽浪郡の治所である朝鮮県城であることが判明した。

　ここで発見された封泥は偽物ではないかと疑われたこともあったが、その一部を除いて本物であることが、藤田亮策《りょうさく》（一八九二～一九六〇）の綿密な研究によって証明された（「楽浪封泥考」「続楽浪封泥考」『朝鮮考古学研究』高桐書院　一九四八）。藤田は楽浪郡に属した県などの地名や官名のほぼすべてが封泥文字に認められることを明らかにし、その時代に実在しない地名をもつ偽物の封泥との違いを示した。

楽浪出土の封泥
上は「不而左尉」、下は「楽浪大尹章」。（ほぼ原寸大）

　ところで、封泥は発信者の行った封印であるため、それが発見されるところは原則としては着信地であることにふれたが、楽浪土城から属県の地名や官名の封泥が出土するのは、それらの県から郡治へと送られた文書があったことを具体的に示す証拠となるわけである。それでは楽浪土城発見の封泥に「楽浪太守章」など楽浪郡の役人のものがあるのは矛盾していると疑問を感じるむきもあると思う。これについては楽浪出土の封泥の多くが火を受けて焼けており、さらに発見された地点には焼けた土や瓦が多かったことに注目しなければならない。つまり、着信後の不要の木簡を集めて焼き捨てたりしたのではなく、着信した木簡やこれから発信する木簡を納めていた建物が火災にあうと、両方の封泥が混在して残ることになる。こう考えると、楽浪出土の多数の封泥は偽物どころか、今はたんなる小さな泥のかたまりだけが残っているが、本来はそれによって封印された所属の県と楽浪郡との間を往き来した行政文書の山であったことを想像しなければならないのである。

楽浪出土の印章

封泥だけではなく、それに用いるべき印章も楽浪の遺跡からは多数発見されている。楽浪発見の印章は材質としては玉、銀、石、銅、木などで、墳墓から出土しているものもあり、印面に被葬者の姓名が刻されているものもある。

たとえば、石巌里《ソガムリ》五二号墳では木棺の中央から「王雲銅印《おううんどういん》」と刻した、亀鈕《きちゅう》のついた文字通りの銅印が出土した。また、石巌里二〇号墓からは木製の印章（木印）が出土したが、これは両面印と呼ばれるもので、一方の面に「五官掾王盱印《ごかんえんおうく》」、もう一方の面には「信印」と刻されていた。この両面印は被葬者の腰あたりから出土しており、持ち主である「王盱」が腰につけていたものと思われる。石巌里二一九号墳でもやはり被葬者の左腰と思われる部分から、「王根信印《おうこん》」の文字のある亀鈕の銀印と、印面の文字は腐食して不明だが木印および銅印が出土している。「王光私印《おうこう》」の木印と「楽浪太守掾王光之印」「臣光」の両面印が出土したのは貞柏洞《チョンベクドン》二一七号墳で、出土位置はベルトの金具である帯鉤《たいこう》と鉄剣の間とされ、腰の部分につけていたことが推定される。石巌里九号墳の木棺からは被葬者の右側から楽浪の墳墓からの出土品としては珍しい玉製の印章が出土し、印面には「永寿康寧《えいじゅこうねい》」の文字があった。

このように楽浪の墳墓から出土した印章は、「王雲」「王盱」「王根」「王光」など、楽浪の故地に暮らし、そこに葬られた官人たちの姓名と墓を明らかに示し、その墳墓は被葬者の名前をとって王根墓、王光墓と呼ばれる場合もある。これらの印章のうち、出土位置が明らかなものは被葬者の腰の部分からみつかっており、楽浪官人たちが死に臨んでも自らの名を刻した印章を佩用していたことが知られ、印章に対する彼らの認識がみてとれる。

楽浪古墓出土の印章「王光私印」銘木印
（縮尺不同）

このような印章は個人名が刻されており、さらに「王光私印」の文字にも現れているように私印であり、「王根信印」というのも個人的な信用を示す印文である。これに対し、官印はむしろ封泥にその痕跡を多く残していることはすでにみたとおりである。また、個人名を刻された私印のほかに、「永寿康寧」玉印のように定型的な吉祥《きっしょう》の語句を刻したものもあり、さらに封泥にした場合には鮮明に文字が出ないような刻字の仕方であることからも、死者を送るためにとくに副葬したものと考えられる。おなじような意味あいをもつものとして石巌里九号墳や同二〇四号墳などからは、印面に文字を刻んでいない印章が出土しており、実用品でないことは明らかであり、これらもやはり葬送に用いるための印章と考えられている。

楽浪の墳墓以外でも副葬用の印章は出土しているが、そのなかでもよく知られるものとして、五胡《ごこ》十六国時代の北燕《ほくえん》という国の王族で、四一五年に没した馮素弗《ふうそふつ》の墓（遼寧《りようねい》省北票《ほくひよう》県西官営子《せいかんえいし》一号墓）からの出土品がある。この墓からは、被葬者推定の根拠ともなった金銅製亀鈕の「大司馬章」「車騎大将軍章」の印が出土しているが、いずれも小刀で刻んだ、細く浅い印文で、文字の彫り方もいい加減で、なおかつ間違いもあることなどから、実用の印章ではなく、死者に添えるために作った埋葬用の印章とみられている。

卑弥呼の金印と封泥

弥生時代の日本列島の政治勢力が中華世界との交渉の窓口とした楽浪郡およびそれから分かれた帯方郡でも、そこに暮らした官人たちは中国本土における行政のやり方を踏襲し、官名をもつ印章を押して文書に封印をしていたことをみてきた。同時期の日本には、すでにみたように奴国王や卑弥呼あるいはその使いであった難升米や都市牛利などが中国の皇帝からもらった金印や銀印が存在したことは確実であり、また、玄界灘を越えた韓国の南部では茶戸里《ダホリ》遺跡の例にみたように、木簡に文字を記すための筆と木簡を削るための小刀が出土しており、状況的な条件としては日本列島で封泥が出土する可能性が考えられる。しかし、今までのところ、弥生時代の封泥は発見されていない。

なんどもふれたように、封泥は文書の封印であるため、着信地においてその役割を終え廃棄される。魏の皇帝は卑弥呼に対し詔書とともにさまざまな織物や銅鏡などを与えたことについては前章で詳しく述べたが、このうちとくに下賜品は『魏志』倭人伝の記述にも「装封《そうふう》」とあるように、封泥によって封印されていたはずであり、その着信地に封泥が廃棄されたことが想定される。よって卑弥呼のいた邪馬台国かあるいは『魏志』倭人伝に「郡使の往来常に駐《とど》まる所なり」、つまり「帯方郡からの使者が倭と往来する時に常にとどまるところである」と記されている「伊都国」などからは、今後、魏の印章による封泥が出土することも十分に考えられる。

邪馬台国の所在地については大きくわけて九州説と大和説が中心となっていることはよく知られているが、「伊都《いと》国」については現在の福岡県前原《まえばる》市にある三雲《みくも》・井原《いわら》などにかけて存在する大遺跡群が、その中心となると考えられていて、徐々にその全体的な様子も知られてきており、期待は大きい。

いずれにしろ封泥というほんの一辺数センチの粘土のかたまりの発見が、世に「邪馬台国論争」などと喧伝される『魏志』倭人伝の記す当時の日本の姿の解明にきわめて重要なものとなることは、考古学という学問の特性を十分に示すものといえよう。小さな粘土のかたまりは時によると饒舌な歴史の語り部となるのである。

第4章　発掘されたはんこ

律令時代以前のはんこ

古墳時代になると、「倭の五王」に代表されるように、日本の政治的有力者は、主として中国の南朝に対して上表文を送り、東アジア世界のなかでの自らの位置づけを行おうとした。さらに稲荷山《いなりやま》古墳（埼玉県行田《ぎょうだ》市）や江田船山《えたふなやま》古墳（熊本県菊水町）から出土した鉄剣や隅田《すだ》八幡宮（和歌山県橋本市）所蔵の画像鏡などをはじめとして、当時の日本で書かれた銘文をもつ器物があることもよく知られているが、印章そのものや封泥は今のところ発見されていない。古墳時代に入っても、日本で国内の政治・行政文書に印章を用いて封印したかどうかについては今までのところ肯定的な資料はないといったほうがよいが、中国の皇帝に上表文を送ったりする際など、国際的な場面では印章を使用した可能性は考えておかねばならないだろう。

また、文書としての木簡は七世紀代以降のものは出土しているが、それ以前にさかのぼるものは知られていない。平城京を中心とした奈良時代の遺跡からは多くの木簡が出土するが、これらに封泥が伴わないのは、すでに紙による行政文書の時代に入っており、木簡は荷札などの特定の用途に使われるようになっているので、木簡文書を封印するための封泥はその使命を終えていたからである。すなわち、日本では国内の政治・行政制度が体系的に整備されたときにはすでに紙による文書の時代に入り、木簡文書とそれに伴う封泥が盛んに行われる時期をすぎていることが、日本の歴史のなかで封泥が用いられなかった大きな原因と考えられる。

いっぽう、奈良時代以前の印章や印綬に対する認識については、伝承や記載の数少ない史料として『古事記』とともに双璧をなす『日本書紀』の記事のなかでは崇神《すじん》天皇十年の条の「四道《しどう》将軍の派遣」のくだりで、「共に印綬を授けて、将軍と為す」とあったり、顕宗《けんぞう》天皇即位前紀十二月の条に「天子の璽を取りて、天皇の座に置く」とあることが知られる。しかし、これらは中華世界での印章の認識や律令制のもとでの印章の制度によって修飾されて書かれたものと考えられ、当時の実際の事実を示しているとはいえない。

また、『日本書紀』の持統《じとう》天皇六年（六九二）九月丙午《へいご》の条に神祇官《じんぎかん》が奏上して、神宝書四巻、鑰《かぎ》九個と木印一個を天皇に差し上げたという記事があり、古訓では木印を「きのおして」と読んでいる。「おして」というのはもともと掌《てのひら》による押捺、すなわち手形を指すものと解されており、このような風習があったところに大陸から印章が流入してきたために機能の同一性から、木印のことを木製の「おして」と解したという説もあるが、実際にはどのようなものかはっきりしない。

ただし、この木印は神宝などとともに進上していることからみても、公文書に使用する官印とは異なり、信仰にかかわるものであったとみられる。律令時代になって、国府の近くなどで印鑰《いんやく》神社として印章とかぎをまつるようになるのも、これらが信仰にかかわるものであったことを示している。

律令の制定とはんこ

日本において紙に朱や黒をもって押捺するはんこの本格的な使用は、奈良時代に律令の制度が整い、実際に施行されるようになってからであると考えられている。『続日本紀《しょくにほんぎ》』には文武《もんむ》天皇の大宝元年（七〇一）に「六月己酉《きゆう》、七道に使いを遣わして、よろしく新令に依りて政《まつりごと》を為し、及び大租《たいそ》を給うの状を宣告せしめ、幷《あわ》せて新印の様《ためし》を頒布す」とある。大宝令《たいほうりょう》という新令によって政治を行うことを全国に宣告し、同時に「新印」を諸国に配っている。この「新印」については、国印あるいはその印影の見本という説と、それまでとは異なる新たな内印すなわち天皇御璽《ぎょじ》の印影とする説とがある。新印が新たな国印に関するものであったならば、「新印」というかぎりは、それ以前の七世紀代にも一部では印章が用いられていたことが想定される。また、「新印」を内印とみる説では大宝元年の時点で新たな印影を配って、今後の公文書に押された内印との照合にそなえたものと解釈されている。

いずれにしろ、この宣告の三年後、『続日本紀』では慶雲元年（七〇四）に「鍛冶司《かぬちのつかさ》に令して諸国印を鋳す」とあり、実際に政府の官営工房で製作されたことがわかる。そして、はんこによる行政の処理はこのときから本格的に始まるのである。

律令に定められた印章の制度と規格は『令義解《りょうのぎげ》』に引用された「公式令」によって知ることがで

きるが、ここには律令制（養老令《ようろうりょう》）による官印として、内印《ないいん》・外印《げいん》・諸司印（大宝令では諸司印はなかったといわれる）・諸国印の四種があげられている。そして、ここに「方三寸」（約八・七センチ）の「内印」としてみえるものが、いわゆる「天皇御璽」であり、四字を二行に配した陽刻、すなわち文字の部分が突起する形状の印文をもつことが、残された印影から知られている。内印は五位以上の位記および諸国に下す公文書や国家の機密にかかわる文書に押されたものである。

その捺印の手続きについては大江匡房《おおえのまさふさ》（一〇四一～一一一一）の『江家次第《ごうけしだい》』に詳しいが、簡略に紹介すると天皇出御のうえ、勅裁を受けて、御前、つまり天皇立ち会いのもとに押されたものであり、この手続きのことを「請印《せいいん》」という。諸国への公文書といってもその数は多く、その手続きと処理とは煩雑をきわめるため、『続日本紀』にみえる養老四年（七二〇）五月の太政官奏では「請印」は「聖徳を煩わす」ことになるので諸国に下す公文書である符のうち、小事にかかわるものについては外印すなわち太政官印をもってこれにかえることになった。律令制のなかでも中心となる天皇御璽の使用に関しても、ごく初期から制度的には変更が行われていたことが知られる。

詔書と天皇御璽の使用法

天皇の発する文書のなかでも、天皇自身がもっとも直接的にかかわるものとして詔書があるが、律令制下では詔書の裁可には天皇自身の署名が重きをなした。さきにも引用した養老公布令に詔書の様式が載せられているが、それによると「明御神御字日本　天皇詔旨」などの文言ではじまり、最後は

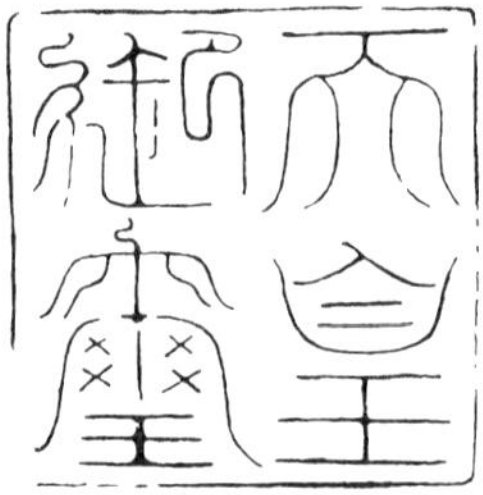

奈良時代の「天皇御璽」印影（約3/5に縮小）

「詔書如右、請奉詔付外施行　謹言」という語の後、「年月日」がきて末尾には「可、御画」とある。詔書は中務省《なかつかさ》が内記の命を受けて案を作成し、天皇はこれに日付を書き加えるが、これを「画日《かくじつ》」という。そして、写しを作成し、内印すなわち「天皇御璽」印が押されたうえで太政官に送られ、太政大臣、左・右大臣、大納言たちが姓あるいは姓名を連署して天皇に奏上すると、天皇は年月日の次の行に裁可の意味を表わす「可」の一字を書き加える。これを「画可《かくか》」といい、このような直筆によって天皇の意思が表示された詔書となったのである。

天皇御璽について、前項でふれた位記や諸国に下す公文書などの他の使用法についても簡単にふれておこう。

天平勝宝《てんぴょうしょうほう》八年（七五六）の『法隆寺献物帳《ほうりゅうじけんもつちょう》』や同年の『東大寺献物帳』などをはじめとして、天皇御璽が紙面いっぱいに数多く押されている文書が知られている。『法隆寺献物帳』を例にとると、紙面の全面にわたって三段六列に合計一八カ所に天皇御璽が押されている。公式令には公文書についての印の押し方が示されており、これには文面に記された事柄の状況・状態、物の数量、文書発行の年月日、担当した官吏の署名などの事項など必要なことが書かれており、さらに紙の継ぎ目の部分や駅馬・伝馬の使用許可を記した駅鈴伝符《えきれいでんぷ》などの具体的な記載事項の部分にはすべて捺印することを規定している。これは文書発行の責任者の真偽にもかかわるが、記載事実の真偽を保証するものとして、このような捺印の方法がもとめられているのである。このころから、いよいよ現代のはんこ社会の祖形がみられはじめるようである。

奈良時代の私印

律令は唐にならったものであり、規定されている印章は官印のみであったが、奈良時代にはそのほかに、私印も現われはじめる。史上、有名な人物にかかわるものとしては、孝謙《こうけん》上皇の寵愛《ちょうあい》を受けた藤原仲麻呂《なかまろ》が天平宝字《ほうじ》二年（七五八）八月に「大保《たいほ》」という特別な官に任ぜられ、「恵美《えみ》」の姓を賜り恵美押勝《おしかつ》と名のったときに「恵美家印」を用いることを許されている。

他に正倉院に所属される光明《こうみょう》皇后の筆になる『杜家立成《とかりつせい》』という中国の書簡の例文集には、第一紙の裏と各料紙の継ぎ目および末尾の紙の表面などには陽文で「積善藤家《せきぜんとうけ》」の文字のある一辺四・二センチの方形の朱印が計一一ヵ所に押されている。これは光明皇后の私印であって、また彼女の実家である藤原氏の家印でもあり、さらに藤原氏が善行を積むというおめでたい文言、すなわち吉祥句的な意味合いをもった印である。

また、称徳《しょうとく》天皇（孝謙天皇が重祚《ちょうそ》）のときに勢威をもった道鏡《どうきょう》は天平神護《じんご》元年（七六五）からは、僧尼が受戒したときに政府から与えられる度縁《どえん》という一種の免許状に、それまで押していた治部《じぶ》省の印を廃して、自らの名を刻んだ「道鏡印」を使用した。これは個人の名を刻した私印が公文書に使用された例としても注目される。ただし宝亀《ほうき》元年（七七〇）に道鏡が失脚するとともにもとの官印にもどったことも当然の成り行きであった。

このような当代の政治の中心にいた人物だけでなく、日本史の表舞台には現われることのない官位の低い人びとの残した私印の印影も残されている。主として天武《てんむ》十五年（六八六）から宝亀十一年（七八〇）の間の正倉院の所蔵する文書などを編年順に整理、集成した『大日本古文書』には八例におよぶ私印のある文書がみられ、そのなかには越前国の生江臣息島《いくえのおみおきしま》や鳥部連豊名《とりべのむらじとよな》のような地方に住む人びとや、画師池守《いけもり》というような絵を職業とする人、あるいは桴領《ふりよう》調足万呂《かしわでまろ》のように桴筏《ふばつ》すなわち筏《いかだ》による河川運送業をしていた人など、さまざまな地域、職業、階層の人びとの私印がみられることから、すでに奈良時代には私印がかなり行われていたことが想定される。

しかしながら、平安時代の初期になるまで私印は認められていなかったようである。当時の私印および印章そのものに対する認識が知られる興味深い史料として、貞観《じようがん》十年（八六八）の太政官符（『類《るい》聚三代格《じゆうさんだいきやく》』巻十七）に引用された撰格所《せんきやくしよ》の起請《きしよう》がある。ここには「印の用為《た》る、実に信を取るに在り、公私此《これ》に拠りて則ち嫌疑を決す」とあって、印の役割は信用であり、疑惑を決するための拠りどころであると述べている。また、「公式令を案ずるに唯《た》だ諸司の印有りて、未だ臣家の印を見ず」とあるように私印が公には認められていなかったことが察せられる。その後、斉衡《さいこう》三年（八五六）になって実質的に貴族の私印使用が許されるが、このころの私印には名前の一字をとった印もあり、たとえば酒人《さかひと》内親王は「酒」という一字印を使用していた。いずれにしろ、だんだんと個人のレベルでもはんこ使用が盛んになってきたのである。

二つの土地売買文書——署名の捺印の関係

私印による文書にふれたところで、奈良時代の不動産売買文書をみておきたい。いわゆる正倉院文書には奈良時代の土地や家屋の売買に関する文書も含まれており、当時の売買契約がどのように行われたかをうかがうことができる。

たとえば、天平二十年（七四八）八月二十六日の「山城国加美郷家地売買券」では売り主である宇《う》治《じ》・加美《かみ》郷の宇治宿禰《すくね》大国《おおくに》が堤田《つつみだ》村にある土地八段と家屋二軒を絁《あしぎぬ》十疋《ぴき》と税布十反《たん》で藤原南夫人に売ったことを記すが、ここには売主の署名とともに郡司の署名と郡印、そしてさらに国司の署名と国印が捺されており、地方官人の保証と信用のもとに売買が行われていたことがわかる。ただし、ここでは売主は署名のみであり、買主は署名もしていない。

また、宝亀七年（七七六）三月九日に佐《さ》伯《えきのすくね》宿禰《ね》真守《まもり》と佐伯宿禰今毛人《いまえみし》が平城京内の五条六坊にある小坊を大安寺から購入し、代金の銭七十貫を使者に持たせた際の送り状には買主の一人である真守は署名しているが、もう一人の今毛人の署名はなく、なんらかの理由で自署ができなかったものと考えられる。ただし、文書は私文書であるにもかかわらず、全面に「佐」という陽文の印が捺されており、この点では公文書と同様の形式をとっている、政府の役人を介さない私人どうしの売買という、土地売買の形式自体もさきの例とは異なるし、さらに文書の形式も異なっていることから、制度あるいは慣習上のさまざまな変化を読みとれるが、印章の使用法という点でも大きな違いをみせている。自署と捺印とのどちらが主となるかという点について、この宝亀七年の文書と時期のさかのぼる文書とを比較してみると、やはり署名が重きをなすと考えられている。

さきにふれた天皇の詔書になされた自筆の「画可」も含めて、これらの奈良時代の土地や家屋の売買文書にみられる署名と捺印の関係は、当初はやはり署名が重きをなしていたとすれば、自ら姓名を記す署名、第三者による記名、そして捺印という現代の文書や契約書などにつながる、押されたり記された「信用」について、その淵源を探るうえでも興味深い事例となる。

発掘された奈良・平安時代の銅印

ここまでは奈良時代を中心として印章の使用の実際についてみてきたが、次に現在、私たちの目にすることができる実物の古代の印章についてふれてみたい。

寺社に伝えられてきたものや発掘調査で出土したものを含めると奈良時代の印章のなかで、現代にその姿を伝えているものも多い。公印のみならず、私印の例も近年の発掘調査によってその類例が増えてきている。これらはいずれも銅印であるが、ここでは出土資料を中心にして、いくつかを紹介しよう。

行政単位としての郡の印の例としては、一九六七年（昭和四十二）に滝台遺跡《たきだい》（千葉県八街市《やちまた》）から出土した「山邊《やまべ》郡印」をあげておこう。印面の一辺が四・七センチ、高さ五・四センチで鈕には孔があけられていない。郡印としては、ほかに「御笠《みかさ》郡印」（筑前国〈福岡県〉）、「児湯《こゆ》郡印」（日向《ひゅうが》国〈宮崎県〉）などが知られており、また、郡の下部の行政単位である郷の印も「伊保《いほ》郷印」（三河国〈愛知県〉）その他が存在する。国ごとに置かれた正倉《しょうそう》（倉庫）、つまり国倉の印である倉印としては、「隠伎《おき》倉印」「駿河《するが》倉印」「但馬《たじま》倉印」などが現存している。

軍団は律令の兵制にもとづいて諸国に設置された兵団であるが、今日に伝えられる軍団印としては、一八九九年（明治三十二）に福岡県太宰府《だざいふ》市の小学校内から出土した「遠賀《おんが》団印」と、おなじく太宰府市で一九二七年（昭和二）に発見された「御笠団印」がよく知られている。二点とも印面が一辺四・二センチ、高さ五・二センチと大きさや形状がひとしい。軍団印は古文書の印影としても例がなかったが、出土資料によって存在が明らかになり、さらに『類聚三代格《るいじゅうさんだいきゃく》』には弘仁《こうにん》四年（八一三）八月九日に筑前国の四軍団四千人を二千人に減らし、各軍団を五百人ずつの合計二千人としたことがみえているが、これらの軍団印の出土によって筑前国に置かれた四つの軍団のうち二つの名前が明らかになった。

しばしばふれてきた公式令には、以上のような郡印、郷印、倉印、軍団印や寺院印、神社印、僧綱《そうごう》印などの規定はみられないが、実際の古文書や史籍には、これら多くの種類の印が押されており、さらに遺存する実物の印章からも実用に供されていたさまざまな種類の公的な印があったことがわかる。

古代の印章は偶然の機会に発見されたものが多いが、発掘調査によっても奈良・平安時代の銅印が出土する機会が増えており、そのいくつかについてふれてみたい。

発掘調査によって銅印がまとまって出土した遺跡としては、一九五九年（昭和三十四）に行われた日光男体山《にっこうなんたいさん》の祭祀遺跡がよく知られている。遺跡は標高二四八四・八メートルの山頂にあり、銅印は銅鏡、密教法具、武器、土器、陶器、その他いろいろな遺物とともにあわせて七個体が発見されている。すべて方印で一辺は三・二センチ前後のものと三・四〜五センチ前後のものとがある。判明している印文には「湯浅《ゆあさ》私印」「田村家印」など明かに私印とみられるものと「酒廣嶺印」のような意味未詳のもの、および「澤」などの一字印などがみられる。

この遺跡は高山山頂の信仰遺跡として平安時代から江戸時代までつづいているが、遺跡の形成にとっての中心的な時期は平安時代後期から鎌倉時代にかけてと考えられる。銅印自体の年代ははっきりせず、他の遺物と同じ時期とすると平安時代ごろのものと推定されている。そして、報告書では印章のもつ貴重さゆえに奉献されたとみているが、印章のもつ権威や信用などが信仰に関連したのかもしれない。

その他、出土した銅印としては「物部《もののべ》私印」（群馬県高崎市矢中村東《やなかむらひがし》A遺跡）、「長良《ながら》私印」（長野県松本市三間沢川左岸《みまさわがわさがん》遺跡）など、文字通りの私印が発見されており、その他に一字印としては「朝」の印が複数の遺跡（福岡県久留米《くるめ》市日渡《ひわたし》遺跡、滋賀県高島町鴨《かも》遺跡、群馬県月夜野《つきよの》町藪田《やぶた》遺跡）で出土し

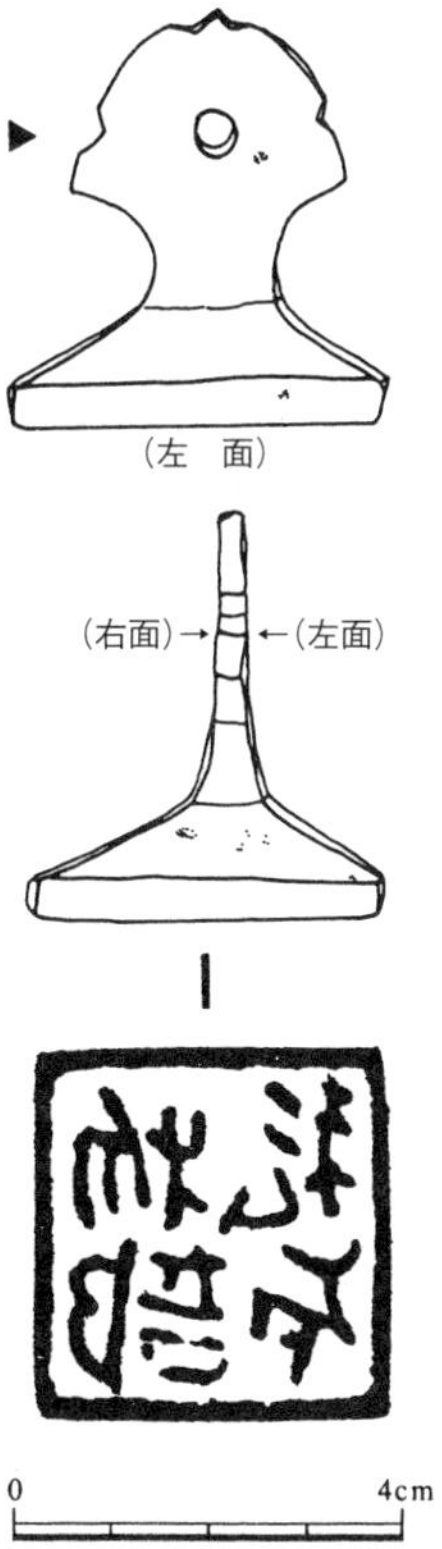

矢中村東Ａ遺跡出土の「物部私印」
上は実測図、下は印面拓本。

日光男体山頂遺跡出土の銅印印影
上は「田村家印」、下は「酒廣嶺印」（どちらも原寸大）。

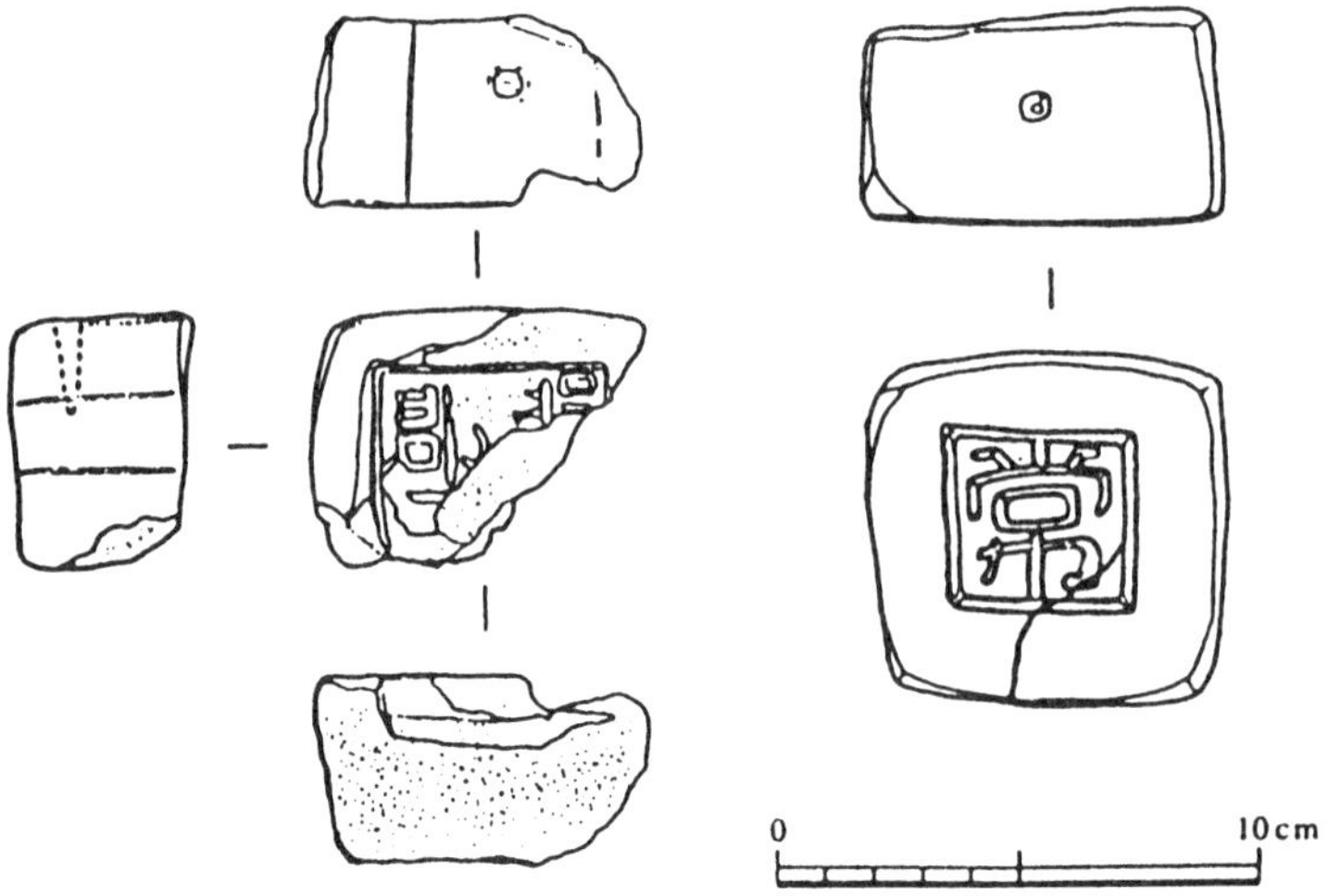

番匠地遺跡出土の銅印鋳型

ていて、その印文に普遍的な意味があったことも考えてみなければならない。その他、一字印としては「酒」（群馬県前橋市山王廃寺《さんのうはいじ》）、「貞」（香川県善通寺《ぜんつうじ》市中村遺跡）などが出土し、また、「珎冨」（愛知県稲沢《いなざわ》市尾張《おわり》国府《こくふ》遺跡）、「乙貞」（滋賀県守山《もりやま》市服部《はっとり》遺跡）などのような二文字も知られている。

このような銅印を鋳造するための鋳型も番匠《ばんしょう》地《ち》遺跡（福島県いわき市）、谷津《やつ》遺跡（千葉市）、台《だい》耕地《こうち》遺跡（埼玉県大里《おおさと》郡花園《はなぞの》町）などから出土している。そのうち番匠地遺跡の奈良時代後半～平安時代前半の土層から出土した鋳型には「磐□郡□」（□は不明の文字）という印面をもつものがあるが、これは「磐城郡印」の鋳型とみられている。また別に「常」という一字印の鋳型もあり、これを私印とみて官印と私印の両方が一カ所で鋳造されていたとする見解と「常」は常陸《ひたち》国を意味し、官印に準ずるものであるとし、これらの官印・準官印は蝦夷《えみし》への政治的・軍事的対策と関連して、磐城郡団の本拠地付近で製作されたものとみる見解が示されている（大竹憲治「番匠地遺跡出土印章鋳型考」『考古学ジャーナル』三三〇　ニュー・サイエンス社　一九九一）。

また、印章そのものや鋳型の他には、「美濃《みの》」「美濃国」という陰刻のある須恵器《すえき》が老洞《おいぼら》窯址（岐阜市）や朝倉窯址（岐阜市）から出土しており、さらに老洞窯址からは「美濃国」という字を裏返しに陽刻した焼き物の印体が出土しており、これを用いて須恵器に国印を押したことがわかっている。周辺は百数十基をこえる美濃須衛《みのすえ》古窯址群といわれる大窯業地帯だが、国印のある須恵器を焼いたのは、二つの窯に限られており、ここが奈良時代の美濃国衙《こくが》と直接に関連する窯であったことが考えられている。

また、同様に焼き物に押された印影としては、浦入《うらにゅう》遺跡（京都府舞鶴市）から、平安時代ごろのものと考えられている塩を煮て作るための製塩土器に「笠百私印」という陰文が押されたものが発見されている。笠《かさ》氏は当時この遺跡のあたりに勢力をもった豪族とされ、国家のもとにあった製塩が在地豪族の手に移っていたことを検討する資料として注目される。

このほかにも奈良〜平安時代には銅印の出土資料は数多いが、当時の政治中枢であった平城京、平安京に限らず、各地で銅印が使用されていたことが知られてきている。

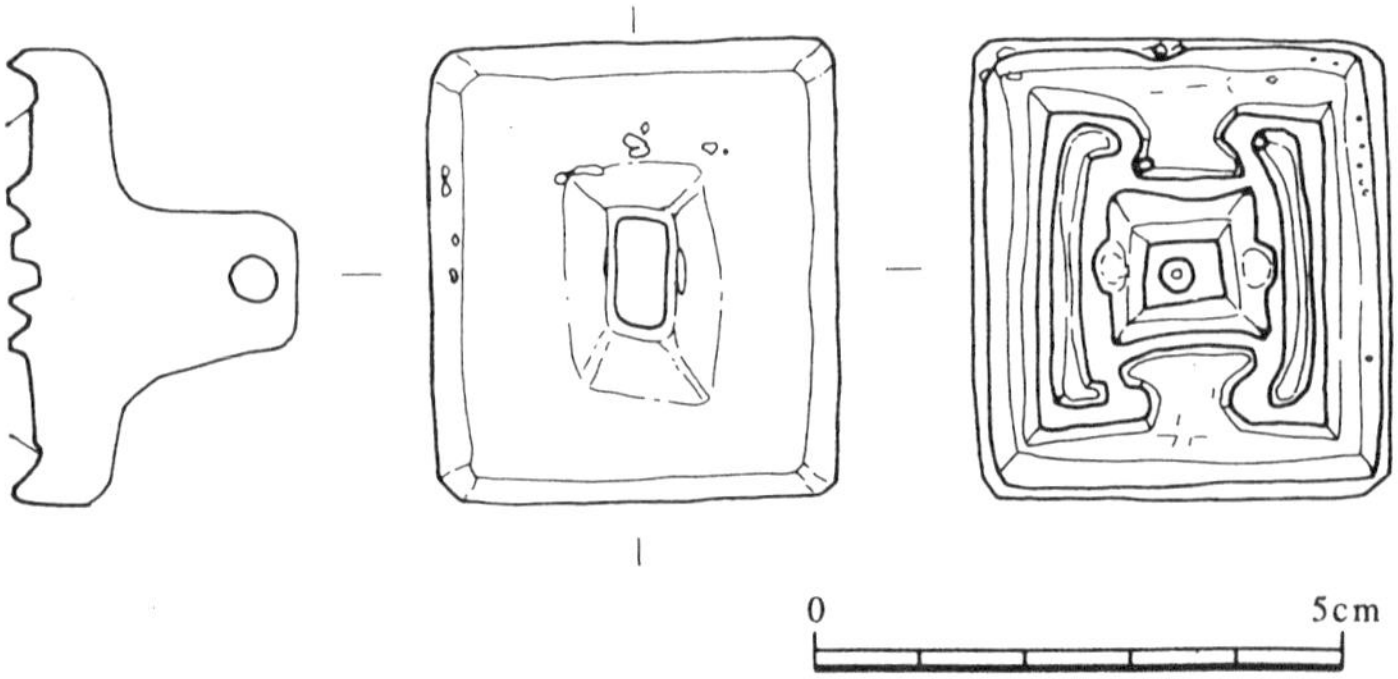

平城宮造酒司出土の銅印

酒壺の封印か？――平城京出土の銅印

奈良〜平安時代の印章は、その属性から当然ながら印面に文字をもつものと思われてきたが、印面に文字とは思われないものを刻した銅印が平城京から出土している。

この銅印は縦四・三センチ、横三・九センチ、高さ二・九センチで印面は文字としては釈読できず、記号かとも思われるが、その意味は不明である。出土した地点は平城宮東院の北半分の西よりに位置し、これまでに「造酒」「酒」などと記された木簡や墨書《ぼくしょ》土器、さらに酒甕を据え付けた穴を伴う建物がみつかっており、平城宮のなかの酒を造る役所である造酒司《みきのつかさ》があった場所と推定されている。この銅印は大きさが公式令に規定される「方二寸二分」（約六・七センチ）という諸司印の規格にあわないため、造酒司の官印とは考えられず、むしろ出土した場所の性格からは酒甕にかけた紐を封緘《ふうかん》する際につける粘土塊、つまり封泥のような役割に使われた印である可能性が指摘されている。

そのような用途であるとすれば、官印に準ずる、あるいは官印の補助的な使用法がなされたものと想定される。このような銅印の類例は知られていないが、今後の資料の蓄積によって、公式令の文面からは推し量れない、奈良時代における印章使用の実態を知る端緒となるものとして注意しなければならない。

正倉院文書にみられる画指

さまざまな印章とその使い方などをみてきたが、はんこと同じ機能をはたすものとして、人間の体の一部を用いる方法も奈良時代には行われていた。現在でもはんこを持たない時に、拇印《ぼいん》という各人固有の指紋によって個人の識別を行う場合があるが、これと比べるべきものに画指《かくし》というものがある。

画指については戸令《こりょう》に次のようにみえている。

凡《およ》そ妻棄《す》てむことは、七出の状有るべし。一には子無き。二には淫泆《いんしつ》。三には舅姑《きゅうこ》に事《つか》えず。四には口舌《くぜつ》。五には盗竊《とうせつ》。六には妬忌《とき》。七には悪疾《あくしつ》。皆夫手を書《ふみ》して棄てよ。尊属、近親と同じく署せよ。若《も》し書解《しょし》らずは、指を画《か》いて記《き》とすることを為《せ》よ。

これは律令のもとにおける離婚の規定であって、夫が妻を追い出すことができる七つの理由がすなわち「七出の状」であり、子が無いこと、姦通、舅や姑につかえないこと、おしゃべり、盗みをはたらくこと、嫉妬、悪疾という七つのどれかに該当すれば「棄妻《きさい》」することができるという条文である。現代の女性が読むと驚きと怒りを感じると思うが、基本的には唐の法律をそのまま適用したもので、

正倉院文書にみられる画指

中国でも姦通と舅や姑につかえないこと以外の条項は実際上ほとんど問題にされることがなかったともいわれ、古代の日本においてこの条文がどれほどの実効性があったかは疑問視されている。ともかく、この条文によって離婚をする場合、夫は尊属、近親とともに連署した届けが必要だが、もし字がわからなければ他人に書いてもらった名前に指を画しなさい、というのが画指であって、大宝令の注釈書である古記の記述などから指の節の位置を墨で示したものであることがわかる。そして、戸令の「棄妻」の条でふれられているように自署の代用であり、また個人の識別による信用・保証を行う方法であった。

　奈良時代の離婚文書そのものは残っていないが、借金や土地売買などの文書には画指の実例がみられる。それらには画指にそえて、「左手　食指　本」とは「左手本　指乃里　末」などのように書かれているものがあり、これによって左右どちらの手のどの指であり、どちらが「本」（もと）すなわち、てのひら側か、「末」（すえ）、つまり指先であるかもわかる。「指乃里」というのは「指法《のり》」すなわち指の関節の長さであることをわざわざことわったものである。また、類例の検討から、この時代の画指は男が左の人差し指、女は右の人差し指によって行うことが原則となっているといわれている。

画指は中国では唐代を中心に行われ、遅くとも北魏《ほくぎ》には存在し、宋代の『水滸伝《すいこでん》』やさらには明代の文学作品にもみられる。このようなことから、時期的には唐の前後にも及んでいることを指摘し、さらに地域的にも朝鮮半島やチベット系タングート族の建てた国である西夏《せいか》でも行われていることを示して、画指は中国から伝播して近隣地域でも行われたと論じたのは仁井田陞《にいだのぼる》氏であり、この見解は広く受け入れられている（『唐宋法律文書の研究』東方文化学院東京研究所　一九三七）。

このような画指は日本では平安時代の文書にもみられ、鎌倉時代にもその初めには行われていたらしい。平安時代後半から鎌倉・室町時代にかけては手の形を押した手印《しゆいん》、拇印《ぼいん》、筆の軸を利用した筆《ふで》印《いん》（あるいは筆軸印）なども行われた。また、絵画や書、詩文などに押された作者の印である落款《らつかん》などども行われるようになるが、中世を代表するものはなんといっても書く「はん」である花押《かおう》である。

第5章　書く「はん」とその時代

書くはんこと押すはんこ――花押と印判

花押《かおう》は「書判《かきはん》」といわれることもあるように、サインであり、かつ「はんこ」の役目を果たした。中世では判というと花押のことを指すほどであり、判を加えるというのは花押を加えることを指し示していた。

中世は日本史のなかでも際立ったサインの時代であり、そのような時代をへていながら、現代の「はんこ」社会が存在することも歴史の不思議を感じさせる。

律令制の時代では公文書および私人間の契約・売買などには自署が基本となっていたが、署名は個人識別には特徴を要求されるわけであり、その結果として、楷書《かいしょ》の他にとくに私文書には行書《ぎょうしょ》も行われ、平安時代になって草書・仮名書が盛行し、草書体の自署が行われたことが花押の発達と関係したと考えられている。

初期の花押としては、九世紀の半ばには二字名を草書体で連続したかたちのものが行われ、このような平安時代のものは「草名体花押《そうみょうたい》」と呼ばれる。これについてはたんに署名が草書体にくずされたものであるのか、花押として意識されて書かれていたのかという点からは客観的な区別がしにくい面があり、荻野三七彦《おぎのみなひこ》氏などによると花押の成立期は十世紀半ばごろとみたほうがよいとされている。

花押は元服《げんぷく》することによって、はじめてもつことが可能になったものであり、個人としての権利能力だけでなく人格さえも、このときより発生すると考えられるほどの重要性をもっていた。このことからもわかるように、花押は印章よりも重みをもつものと考えられており、花押が主であり、代用として印章を押すことはやむをえない場合に限られていた。

花押と印章の両者についての認識が推しはかられる史料として、慶長十六年（一六一一）正月に没した島津義久《しまづよしひさ》（号は龍伯《りゆうはく》）の書状が知られている。これには「藤原龍伯」という義久の方形朱印が押されているが、「追而書《おってがき》」には「猶々当時所労故不罷成候間、近来乍慮外印をおし候」とあって、本来は花押をすべきところであるが、病気のために「慮外ながら」つまり本意ではないけれども、やむをえず捺印ですませていると断りをいれている。この文書は近世の初めのものであるがゆえに、中世においてはなおさら花押が印章よりも重要視されていたことが推測される。

写された花押

花押には名乗《なのり》（実名《じつみよう》）の一字から作るものや二字を用いるもの、名乗とは無関係に作るものなどさまざまなものがあり、同一人物でも年代や地位によって変化する場合もある。さらに一人で複数の花押を用いることもあり、戦国武将として有名な伊達政宗《だてまさむね》（一五六七〜一六三六）などは二十数種類の花押をもつといわれている。また、先祖の花押に似たものを子孫や一族が用いることもあり、足利氏を例にとると直義《ただよし》（一三〇六～五二）、義詮《よしあきら》（一三三〇～六七）、義満《よしみつ》（一三五八～一四〇八）、義政《よしまさ》（一四三六～九〇）はいずれも尊氏《たかうじ》（一三〇五～五八）の花押を範としているとみられている。

すでにふれたように花押は個人を識別したり、権利能力を発生させるのみならず、人格をも体現するようなものであるがゆえに、権威をもち、あるいは家格の高い人物の花押は文書の権威を高め、あるいはそこから家系の系譜伝承などの拠りどころとされることも多い。

また、本物の文書ではなく、後世に捏造《ねつぞう》されたり、実際の文書をもとにして作られた文書もあり、これらは古文書学の方面では偽文書《ぎもんじょ》と呼ばれる。つまり、にせものの文書であり、まったく問題にならないような偽文書もあるため、古文書学的にはあまりかえりみられることのない場合が多いが、ある地域に限定して丹念に検討してみると、偽文書を作るという作業についてのいろいろな歴史的経緯を検討できる可能性をもっている。

たとえば、大坂府豊能《とよの》郡能勢《のせ》町や兵庫県川西市、同川辺郡猪名川《いながわ》町など摂津《せっつ》北部の古文書を調査した上島有《うえじまたもつ》氏は、その地域に散在した「多田院御家人《ただのいんごけにん》」の子孫が家系を示すものとして所蔵していた偽文書群を比較検討している（「『偽文書』三題」『立命館文学』五二一　一九九一）。

これらは足利義詮が多田院御家人に与えた袖判下文《そではんくだしぶみ》といわれるもので、その内容は義詮が多田院御家人に対して摂津国多田庄《ただのしょう》の地頭として領することを認めたものである。それらに書かれている義

足利尊氏

足利直義

足利義詮

足利義満

足利尊氏と一族の花押（縮尺不同）

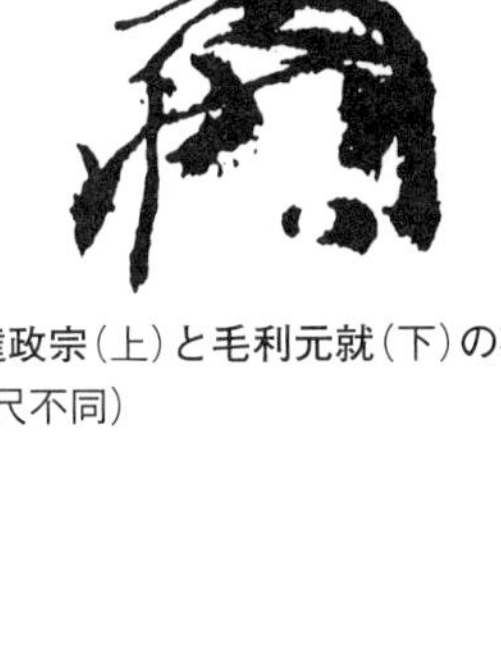

伊達政宗（上）と毛利元就（下）の花押
（縮尺不同）

詮の花押には、写真だけをみると実際のものと見まがうほど形が整っている場合があると述べている。しかし、上島氏はこのような花押を実際に観察すると、何度かなぞった痕跡がのこっており、丹念に影写した写しであることを指摘している。さらに上島氏は、それらの原典であり手本となったと考えられる本物の文書を抽出する作業も同時に行い、写しにみられる花押には丹念に影写はしていても文書のなかでの位置がまったくまとはずれなものがあることも明らかにしており、歴史的事象として本物から写しが作られていく過程を重視している。

一族が家系を誇り、またその権威のよりどころとするためには本物の文書を分配して所蔵することが有効であろうが、当然本物の文書には数的に限度があり、それを補うものとして写しが作成され、さらにそれが何回か書き継がれて伝えられてきた文書もあり、偽文書のなかにはこのようなものも含まれているのである。上島氏が指摘するように、ひとくちに偽文書といっても、原典から歴史的に派生したこのような類《たぐい》のものもあり、転写の際の誤りなどを系統的に検討することによって、それらの文書群の総体をとりまく歴史的状況とその変遷を明らかにすることも期待できるであろう。

偽文書と天皇御璽

中世の偽文書としては、その他にも、とくに室町時代後半〜戦国時代、すなわち十五世紀に入るころから主に訴訟を有利に導くために、ある程度の歴史的事実を背景としたり、また本物の文書をもとにして特定の天皇との関係を強調した文書が職人の間でさかんに作られはじめる。そして戦国時代に入るとこのような行為はますます盛んになるといわれている。

そのなかでも、とくに鋳物師《いもじ》の偽文書はこれまでも注目されたことがあったが、さらに根本的に吟味の視野を広げたのは網野善彦氏である（『日本中世の非農業民と天皇』岩波書店　一九八四、『日本中世史料科学の課題』弘文堂　一九九六）。

網野氏によると、鋳物師はおそくとも十世紀には一部が天皇家の家政機関である蔵人所《くろうどどころ》に直属していたが、そのなかから永万元年（一一六五）に河内《かわち》国丹南《たんなん》郡狭山《さやま》郷（日置《ひき》荘）の鋳物師たちは、宮中への燈《とう》（灯）炉《ろ》や鉄器を貢進することとともに雑役や市津料《ししんりよう》（交通税）の免除などの特権を保証された蔵人所燈炉供御人《とうろくごにん》という称号を与えられるようになり、さらに仁安《にんあん》三年（一一六八）には、これとは別個に、耕作地をまったくもたずに諸国を行き来する廻船《かいせん》鋳物師と呼ばれる集団が組織された。

また、平氏によって焼失した東大寺大仏を修復するときに、中国（当時は宋）からきた工人である陳和卿《ちんなけい》たちと協力した河内の草部《くさかべ》姓鋳物師がおり、鎌倉時代初期には、これら中世鋳物師の三つの集団が形成された。そして、諸国を往来する自由を保証するものとして、蔵人所牒《ちよう》という、いわば政府のお墨付きを携えて、鋳物師たちは各地を遍歴しながら生業を営んでいた。しかし、鎌倉時代後期から室町時代にかけては諸国への定住やそれによる散在が進み、旧来の組織や体制が変化し、しだいに諸国の守護の支配下に入って、一国または数国単位で統括されるようになっていく。

このようななかで宝徳元年（一四四九）から同三年（一四五一）にかけて、河内・和泉《いずみ》の鋳物師の

偽文書につかわれた天皇御璽

なかで、本来の組織・体制や統制を復活しようという動きが出てくるころが、偽文書作成のきっかけとなるとされている。鋳物師の偽文書といわれるもののなかには天皇の綸旨《りんじ》、蔵人所牒などの政府に関係する文書と鋳物師の起源と系譜を示す由緒書、同業者組合法ともいうべき座法などがあるが、たとえば宝徳三年正月十一日の日付をもつ「河内国鋳物師座法」は、書風、紙質、内容などから戦国時代末から近世初めころの作成とされており、この推定に誤りがなければ記された時日より、百年から百五十年後に偽作されたことになる。

しかしながら、このような鋳物師の偽文書はまったく根拠のない荒唐《こうとう》無稽《むけい》なものではなく、鋳物師の長い歴史を背景として事実と伝承を織り込みながら、近世の鋳物師組織を支配した真継《まつぎ》家で戦国時代に作成されたものとされている。そして、このような偽文書は江戸時代を通じて、全国の鋳物師の営業特権を裏づけ、保証するものとして幕府に公認され、効力を発揮してきたのである。

さらに網野氏はこれらの鋳物師の偽文書に押されている天皇御璽は本物とみてほぼ間違いないものとし、どのような手続きによったものかは未解釈としても、文書の偽造という行為に「天皇が了解を与えていたことは確実といわねばならぬ」という重大な指摘をし、「天皇自身がこの文書偽造の共犯者であったことはまず疑いない」と発言している。この指摘のとおりであるならば、私たちがもっている公文書に関する考え方や公の規範となる正式な文書を発給する天皇や役所といった為政者に関する観念に根本的に再考がせまられることになり、さらには文書や史籍を通じて構成される歴史学そのものへの基本的な認識をも新たにしなければならないだろう。網野氏の問題提起をきっかけとして、まずは偽文書と天皇御璽の関係をいとぐちにして、斬新で柔軟な中世史が構想されることを望みたい。

いっぽうでは、室町末期から戦国時代にかけては、文書が本物であるかにせものであるかに無頓着で野放図な時期であることが、以前から指摘されている。

その一例として、享禄《きょうろく》二年（一五二九）に近江国高島郡今津から若狭小浜《おばま》にいたる「九里半《くりはん》街道」の通行をめぐって、湖東および高島の五箇《ごか》商人が近江国蒲生上《がもうかみ》郡得珍保《とくちんのほ》（現在の滋賀県八日市《ようかいち》市。「保」は平安時代後期に現われ、中世を通じて存在した所領単位）の商人（保内商人ともいう）の通行禁止を訴えたが、得珍保の商人は後白河《ごしらかわ》天皇の宣旨および院宣と称する偽作文書を証拠とした結果、守護である六角定頼《ろっかくさだより》（一四九五〜一五五二）が彼らに勝訴の裁定を下している。また、天文《てんぶん》十四年（一五四五）、粟津供御人《あわづくごにん》の魚棚（定地漁法の一種）をめぐって鷹司《たかつかさ》家と内蔵頭山科《くらのかみやましな》家の争いの際に山科言継《ときつぐ》（一五〇七〜七九）は粟津座に伝わる明らかな偽文書を証文として朝廷に提出したところ、これが認められて勝訴したという。これらの場合、六角氏や朝廷は証拠とされた文書が偽作であることを承知したうえで裁定を下しているとみられている（仲村研「保内商業と偽文書」『中世惣村史の研究』法政大学出版局一九八四)。

また、網野氏によると、享徳《きょうとく》四年(一四五五)には、菓子の商売をしていた土井大炊助康之《どいおおいのすけやすゆき》という人物が、同業者の介三郎という者が「唐紙《からのかみ》に書いて印判を突」いた「唐土《もろこし》の支証」を用いて営業をしていることに対して、「異朝の証文」をもって「本朝の商売」をするのは不当だとして室町幕府に訴えたが、介三郎の権利は天皇の綸旨《りんじ》によって認められており、示談《じだん》によって両者はともに商売を続けることになったらしい。

網野氏は介三郎の扱う商品はおそらく、南北朝以降に中国や琉球から多くもたらされた砂糖を用いた「唐糖《からのあめ》」であり、介三郎の祖先は中国人であったとみており、具体的な内容は不明であるが、彼のもっていた「異朝の証文」、つまり、外国の権威を利用した偽文書が営業権利をうらづける証文として用いられていたことが注目される(「京都御所東山御文庫記録」甲七〇、網野善彦「中世の旅人たち」『日本論の視座』小学館　一九九〇、同「海民と遍歴する人々」『中世的世界とはなんだろうか』朝日新聞社　一九九六)。

中世は文書の時代といわれるが、文書に対する姿勢や利用の仕方は現代の私たちの常識では理解しきれないところがあることを、このような例からも知ることができよう。

パスパ文字の銅印

考古学の調査というと土を相手にするものとのみ思われがちだが、ときには海や湖などもその対象になる。水中考古学と呼ばれるもので、水底に沈んでしまった遺跡や沈没した船舶などを対象に調査を行い、世界的にもさまざまな成果をあげている。

そのなかでも印章の発見された例として、よく知られるものが長崎県鷹島《たかしま》（北松浦郡鷹島町）沖の元寇《げんこう》の際の沈没船調査である。中国を統一したモンゴル族の元は、一二七四年と一二八一年の二度にわたって日本に軍を差し向ける。歴史年表的にいう文永・弘安の役で、蒙古《もうこ》襲来《しゅうらい》と呼ばれることもある。結局、暴風雨によって二度にわたる元軍の侵攻は失敗するが、そのときの軍隊が所持していたものと考えられる銅印が一九八一年に鷹島沖から引き揚げられている。

この銅印の鈕の横には一二七七年を示す「至元十四年九月□造」（□は不明の文字）の年号が線刻されており、元寇の時期と一致する。また、印面の文字は元の皇帝フビライがチベット僧のパスパ（一二三五〜八〇）に命じてつくらせたパスパ文字で刻されており、発見当初は当時の元軍の司令官の印章と報じられたこともあったが、中野美代子氏の解読では「管軍総把印」となり、「実戦部隊のやや下級の隊長に与えられた印」であることが明らかになっている（『砂漠に埋もれた文字――パスパ文字のはなし』塙書房　一九七一〈一九九四年に筑摩書房より再版〉、「元八思巴字官印余録」『北海道大学言語文化部紀要』一　一九八二）。また、のちの調査によって鈕の横には「管軍総把印」という漢字が刻まれていることも判明した。

鎌倉時代の日本に来襲した元軍の残したこの銅印は、その後、時をとめたように七百年の間、潮流に身をゆだねていたのであった。

パスパ文字は表音文字であるために元の使用言語であったモンゴル語だけでなく、抑揚や有声音・無声音の区別は無理だとしても、原則としては中国語の発音も表わすことが可能で、実際に一枚の碑石に、まったく同じ中国語が漢字とパスパ文字の二種類で刻された例も知られている。このような点からみると、漢字がパスパ文字で表わされた場合、同音の複数の候補をもつことになるが、このようなパスパ文字による漢字の一字表記の可能性がある例も日本で出土している。

堺にその座を奪われるまで、外の世界へ開いた大きな門戸であった博多は、都市域の再開発のなかで発掘調査が進められているが、一九九二年の調査（博多遺跡群第七八次調査。福岡市博多区古門戸町）では、当時の博多湾に近い息浜《おきのはま》にある十四世紀前半の土坑《どこう》（掘り穴）から、中央にパスパ文字の印文をもつ銅製の指輪が出土している。このパスパ文字は「キィ」という発音を表わしており、漢字に置き換えると「記」「既」などの音を持つ文字を表わすのではないかといわれている。

銅製指輪といわれるこの遺物は印章の機能をもつものが祖形となっていると考えられ、印文は裏がえしではなく、正しい文字で彫られてあり、押捺すると逆文字になるのであるが、これは指輪形の印章としての本来の機能が変化したものと考えられる。

このように印面に指輪をつけた形の指環形（あるいは指輪形）印章は古代エジプト中王国（紀元前二〇四〇～前一七八〇ごろ）のころに出現し、古代ギリシアや古代ローマでも使用された。さらに中国

鷹島沖発見のパスパ文字銅印

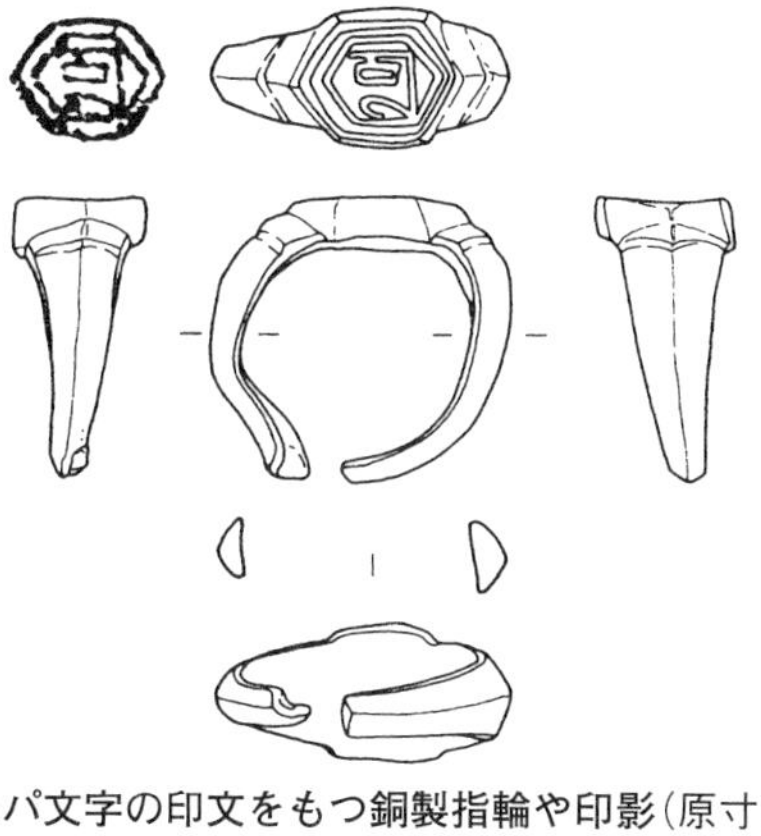

パスパ文字の印文をもつ銅製指輪や印影(原寸大)

へも伝えられ、名高いものとしては、北周時代の李賢《りけん》夫婦墓（李賢は五六九年没。夫人は五四七年没）から出土した人物画像を刻したラピスラズリーの印面をもつ金製指輪があり、ペルシア製と考えられる鍍金銀製壺やガラス碗などもともに出土し、東西文化の交流という観点から注目を集めた。

パスパ文字の指輪形印章とも言いかえられるこの銅製指輪が出土した地点は、室町時代に明や朝鮮からの使節や日本からの遣明使《けんみんし》がしばしば滞在し、室町幕府の対外公館のような役割を果たしていた石城山妙楽寺《せきじょうざんみょうらくじ》という寺があった場所に隣接する。北側からは元寇の際に元の軍隊を防ぐために築かれた元寇防塁《ぼうるい》が発見されており、石城山という山号はこれにちなむものである。元寇防塁は当時の海岸線に築かれたものであり、往時においては波の音がし、潮の香がただよう場所であったと想像される。

パスパ文字の刻された銅製指輪はその姿かたちこそ小さいけれども、古代からつながる物とそれを運んだ中世の人びとの動きを伝える多くの情報をもつ資料である。

戦国武将の印

花押が中心であった時代においても印章は用いられ、花押がより重いものとして認識されていたことはすでにふれたとおりであるが、印章もとくに東国において戦国大名の間で広く用いられた。戦国武将たちはさまざまな印様の印章を使用して文書を出した。有名なものとしては武田信玄の「竜の印判」や織田信長の「天下布武《ふぶ》」印があるが、ほかにも特徴のある印が多くみられる。そのなかには武将たちのおかれた歴史風土や信条をあらわしたものもある。

たとえば伊達政宗は十二種の印を用いたといわれるが、そのなかには東北地方の縄文晩期にみられる亀ケ岡式土器をモチーフにしたと思われるようなデザインの印もみられる。『永禄日記《えいろくにっき》』（浪岡城主《なみおか》北畠《きたばたけ》氏の子孫である山崎氏の家記《かき》）の元和《げんな》九年（一六二三）の記載では、亀ケ岡遺跡から土偶《どぐう》や土器が出たことを伝えており（縄文土器を発見した記録としてもっとも古いものであるとされる）、当時話題になった土器を印のデザインに取り入れたことも考えられる。また、同じく東北地方の戦国大名である葛西晴信《かさいはるのぶ》（生没年不詳）や最上義光《もがみよしあき》（一五四六～一六一四）などの印も全体としては香炉《こうろ》形をしているが、モチーフとしては亀ケ岡式土器の意匠を取り入れているといわれる。

キリシタン大名として有名な大友宗麟《おおともそうりん》（義鎮《よししげ》、一五三〇～八七）は洗礼名をフランシスコ（Francisco）といったが、彼の用いた印は、属した教団であるイエズス会（耶蘇会）の当時の記号である「ＩＨＳ」（Iesus Hominum Salvator、イエズス人類の救済者の意味）の文字と自らの洗礼名からとった「ＦＲＣＯ」を組み合わせたものであった。ローマ字を用いたものは南蛮字印と呼ばれることもあるが、例としては、黒田長政《ながまさ》（一五六八～一六二三）や細川忠興《ただおき》（一五六三～一六四五）のものが有名である。このうち黒田長政の印は楕円形の印面に「Ｃｕｒｏ　ＮＧＭＳ」と二段にわたる陽文があるが、のこされた印影は本来横長の印面を縦に押捺しており、長政本人はローマ字印文をよく理解せずに用いていたことがわかる。

武田晴信　竜印

織田信長「天下布武」

伊達政宗「威伝」

最上義光

伊達政宗

伊達政宗「竜納」

戦国武将の印（縮尺不同）

大友義鎮
「IHS FRCO」

大友義鎮
「FRCO」

黒田孝高
「Simeon Josui」

黒田長政
「Curo NGMS」

細川忠興
「tada uoqui」

細川忠利
「Tada toxi」

戦国大名のローマ字印章（ほぼ原寸大）

このような個性的な印を用いた文書である戦国武将の印判状は、文書の発行または発給の量が増えたことに加え、戦陣のなかでより簡便なものとして、花押に比べて簡略な文書に使用された。

血判という風習

身体の一部を傷つけ、出た血液を花押に注ぐ行為を血判《けつばん》といい、これを伴う誓約文が血判起請文《きしょうもん》である。血判は南北朝時代の文書にはすでにみられるというが、盛んに行われるのは戦国時代になってからである。また、文学にみえる血判としては『太平記《たいへいき》』の「菊地合戦」の条がよく知られている。そこには一色道猷《いっしきどうゆう》（範氏《のりうじ》）に攻められた少弐頼尚《しょうによりひさ》は菊地武光《たけみつ》に救われるが、嬉しさのあまり、熊野《くまの》牛王《ごおう》宝印（烏の模様が図案化された熊野三山で配布した神符）の裏に子孫七代にいたるまで菊地氏に弓をひかないという誓紙をしたため、血判をするという場面が出てくる。その後、変心した少弐頼尚は菊地征伐の軍に参加するが、菊地氏は先の血判のある誓紙を軍旗に結びつけて戦い、頼尚の子の忠資《ただすけ》は菊地次郎に討たれ、誓いを破った父の行いと陣頭に立てられた誓紙によって、忠資に非業の死をとげさせる、という結末をみることになる。

南北朝時代などの早い時期の血判は使用された血液の量が少なく、わずかな点のようなものであるが、戦国時代になると花押のなかばを覆うほどのものもみられ、おびただしい血液によって表面が染められた文書がみられるようになる。さらに、花押に血判を加えたものだけではなく、血書の花押、すなわち花押そのものを血液によって書いたものも知られている。また、織田信長、豊臣秀吉などの残した血判は花押のなかばにもいたらない少量の血液をもって行われており、また彼らの血判として今に伝えられるものはほんの数通といわれる。

これに対し、とくに秀吉は他の武将に対しては前後に類例のないほど大量の血液を使用した血判を要求した。よく知られるものとしては秀吉死去の三年前である文禄《ぶんろく》四年（一五九五）、豊臣秀次《ひでつぐ》自害の後、何度にもわたって大名や五大老・五奉行などに出させた、わが子秀頼《ひでより》に対して忠誠を誓わせた血判誓紙があり、そのなかには花押の部分のみならず、署名の部分にまで流れているものもあって、数百年を経ても凄絶《せいぜつ》な臨場感を伝えている。ただし、このように大量の血を流して、繰り返し行われた誓約も、一片の反古《ほご》となってしまったことは、関ケ原以降の歴史が雄弁に伝えている。

江戸時代にも血判は行われたが、その方法は江戸時代末期の平戸藩主松浦静山《まつらせいざん》（一七六〇～一八四一）が残した膨大な随筆である『甲子夜話《かっしやわ》』のなかでふれている。

（前略）其小刀にて指を刺せば、出血こころよからずして、血判あざやかならず。因《より》て大なる針を能《よ》く磨き、懐中して、是にて其事を退遂《やりと》げたり。又予め膏薬《こうやく》を懐にし、事畢《おわ》れば乃《すなわち》これをつけたりとの給《（ママ）》ひたる故に、（中略）誨《おしえ》の如く針を以て指を刺たるに、快く血出て、血判の表も恥しからざりし。其席を退きて血流止らざりければ、即ち誨を以て用意したる膏薬を疵口《きずぐち》につけたれば、血止りぬ。慈教かたじけなきこと也。

すなわち、小刀で指を刺したのでは、血がうまく出ないので、血判はきれいにいかないので、よく磨いた大きな針を懐中に用意しておき、それで刺すとうまくいった、またあらかじめ膏薬《こうやく》も懐に入れておき、血判の席を退いても血が止まらないときはこれをつければよい、との教えを受けてその通りにしたらうまくいったので教えを感謝する、という内容である。江戸時代の終わりごろに行われた実際の血判の模様が伝わってくる。

江戸後期に戯作・狂歌など多彩な活躍をした大田南畝《おおたなんぽ》（一七四九〜一八二三、別号は蜀山人《しょくさんじん》、四方赤良《よものあから》など）の三十一歳から七十二歳までの雑記帳ともいうべき『一話一言《いちわいちげん》』にも次のようにみえている。

誓紙の節、追付《おつつけ》其席へ出んとするまえに左の薬指を爪際の所を少し皮をはねて置、血判する時、其所を小刀の先にて少し突かば其儘《そのまま》血出てよし、幾度も突かば見苦し、鼻紙を二枚ほどもみて、右の袂《たもと》に入置、其紙にて指の血を拭う事のよし、（中略）血を右の手の薬指に付て、居判《すえはん》の穴の白き所に押す也、墨の所に付れば、見えかね候故也、血判して跡にて誓紙をいただく人あり、夫《それ》はあしき也

これによると血判のときの血は薬指からとることがわかり、一度突いてとるのが美しい作法とされていたようである。また、血判を行う位置としては花押の空白の部分であったこともわかる。

江戸時代の公的な場合に行われた血判についてふれてきたが、私的に行われることもあり、それらは文学作品のなかにもみられる。井原西鶴の『好色一代男』巻三「袖《そで》の海の魚売り」には二十一歳の主人公世之介《よのすけ》が知己とともに海路、小倉に向かう途中、備後《びんご》の鞆《とも》（広島県福山市）で前夜、泊まった

遊廓に鼻紙入れを忘れてきたことを悔やんでいる理由として「花川といえる女に、起請を書せ指しぼらせて名書の下染させれるに」（夕べの敵娼《あいかた》の花川という女に誓紙を書かせ、指の血をしぼらせて、名前の下に血判まで押させたのに）とあり、江戸時代の遊里における血判の例がここにみられる。

また近松門左衛門（一六五三～一七二四）の心中物《しんじゆうもの》の名作『心中天網島《てんのあみじま》』では、治兵衛《じへえ》と小春との間に毎月初めに取り交わされた誓紙は二九枚にもなったのであるが、兄・孫右衛門《まごえもん》のたっての勧めによって、小春との縁切の誓紙に血判を加えている。

孫右衛門懐中より熊野の牛王《ごおう》の群烏、比翼の誓紙引換へ、今は天罰起請文、小春に縁切る思い切る、偽りに申すに於ては、上は梵天帝釈《ぼんてんたいしやく》、下は四大の文言に、仏揃へ、紙揃へ紙屋治兵衛の名をしっかり、血判すえて差し出す

ここでも『太平記』のところでふれた熊野牛王宝印を料紙として使用しているが、これは中世から近世にかけて起請文を書くために広く使われたものであり、西鶴の『好色二代男諸艶大鑑《しよえんおおかがみ》』にも「惚《ほ》れませぬといふ起請」を書くときに、「指先やぶりて筆を染、烏の目の所はよけて水に酒塩をまぜて……」とあり、江戸時代の男女間の血判にもやはり熊野牛王宝印を用いていたことがわかる。

また、このように男女が誓いをたてて血判するときは、とくに小指を用いたことは、江戸時代後半の『類聚名物考《るいじゆうめいぶつこう》』（山岡浚明《やまおかしゆんめい》編、安永九年〈一七八〇〉終刊）にも「起請文の後に無名指（くすりゆび）の血を出して、判形とする事も戦国の習わしに出たるべし、上古はその事見及ばず、男女の交の

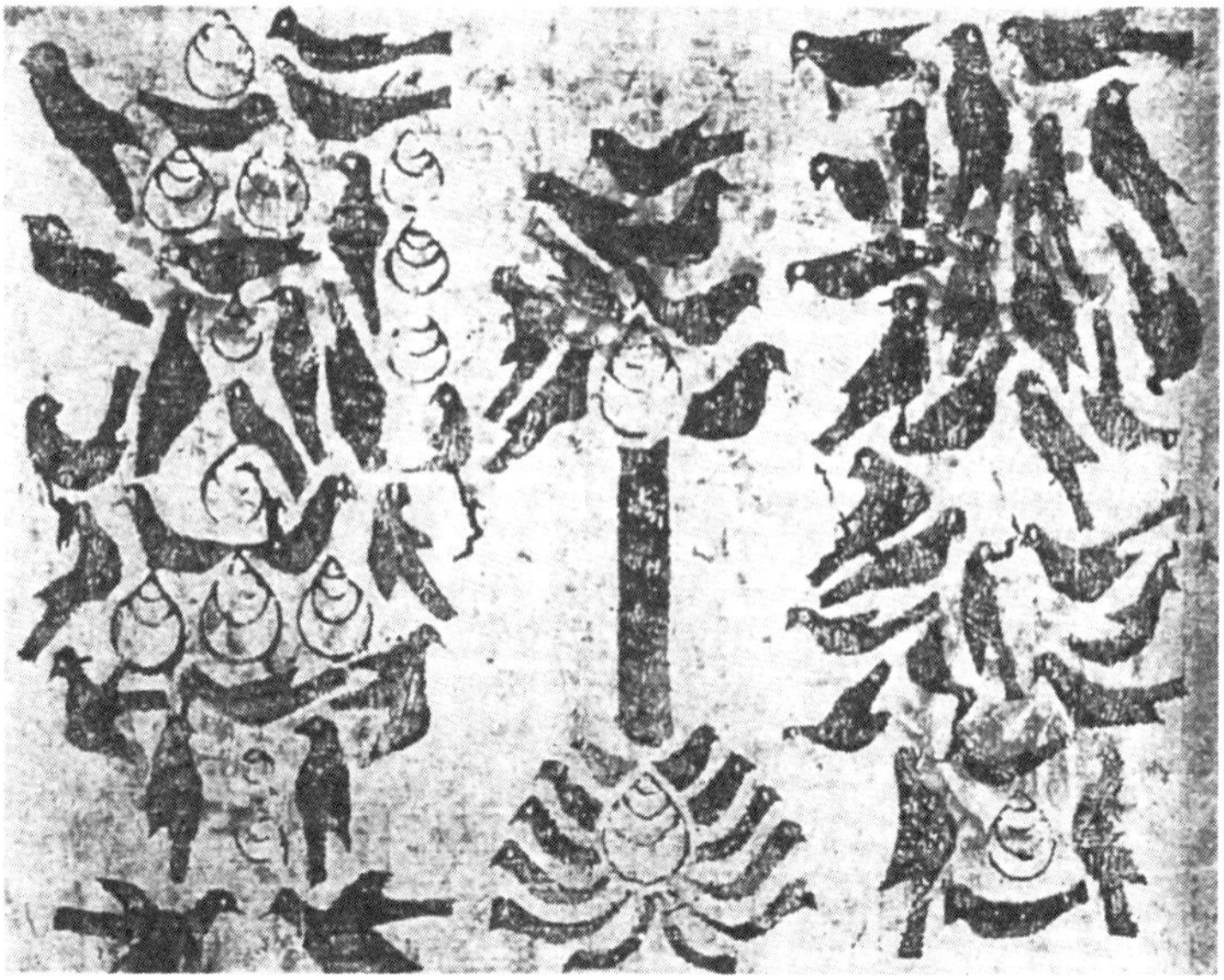

熊野牛王宝印（天文７年〈1538〉10月27日）

間にも起請有り、それは小指の血を絞るは、いかなる人の是等の事を定めしにや」として述べられている。

ここにいろいろと紹介した血判は世界的にみると血液を誓盟の約定に用いる血盟の一種であろうが、書判である花押に血液を注ぐという行為は日本独特のものである。血は世界史上、あるいは文化人類学上、誓約・呪詛《じゅそ》などをはじめとして使われることが知られているが、印という信用を示すものに、さらにこのような意味をもつ血を加えたことは、日本の信頼・信用の観念を表わすものとして注目したい。

第６章　はんこ社会の形成　近世のはんこ

偽造された「日本国王」文書

はんこは個人の確認や取引、誓約などの信用・信頼を表わすものであることにふれてきたが、これを逆用して、利益や信頼をすりかえる行為も行われる。すなわち印の偽造、さらにはそれを用いた文書の偽造である。

文書の偽造は律令制でも重い罪が課せられ、中世になると「御成敗式目《ごせいばいしきもく》」では「謀書」の罪科は武士の場合は所領を没収し、所領のないものは流罪（遠流）、凡下《ぼんげ》の輩《やから》、すなわち庶民の場合は火印（焼印を顔に押すこと）と規定されている。焼印は牛馬などの所有者を表わすために押されることもあるように畜生としての扱いであり、中国では、人間世界からの追放を意味するほどの過酷な刑罰である。江戸時代においても文書偽造の首謀者は引き回しのうえで獄門（さらし首）、共犯者も死罪という極刑が課されていた。

さらに外国でも、ヨーロッパの古文書学は文書の真偽を究明しようという努力のなかから発達したものであることから、文書の偽造が世界史のなかでもどれほど多く、かつ問題となっていたかが知られよう。

このような重罪である文書の偽造を一つの藩ぐるみで行っていた歴史上有名な例が対馬《つしま》の宗《そう》氏の国書偽造である（田代和生『近世日朝通交貿易史の研究』創文社　一九八一、同『書き替えられた国書』中公新書　一九八三）。

豊臣秀吉は国内を統一した後、明《みん》への侵略を表明し、文禄元年（一五九二）、その足掛かりとして李氏《りし》の統治する朝鮮へと侵攻する。この侵略戦争は失敗し、秀吉はいったん停戦協定を結んで撤退するが、慶長二年（一五九七）再び侵略を開始する。翌年、秀吉の死去により、全軍が撤退し、二度に及ぶ侵略戦争は無為のうちに終わることになる。これが日本史でいうところの文禄・慶長の役であり、韓国史ではその干支から壬辰《イムジン》・丁酉《チョンユ》の倭乱と呼び、まったくいわれなき、呪われた戦争として現在も人びとに強く意識されている。

この侵略戦争の直後から、対馬島主宗氏は和平交渉を始める。その口開けが慶長十年（一六〇五）に宗義智《そうよしとし》らが対馬に派遣された朝鮮使節を伴って、伏見城において徳川家康・秀忠と行った接見である。そして、この後、政権を樹立した徳川幕府と朝鮮とは交渉の席につくことになる。さらに、慶長十二年（一六〇七）、朝鮮使節四六七名が派遣され、両国の修好関係はここに回復され、その後、江戸時代を通じて行われた、いわゆる朝鮮通信使の外交を開く端緒となった。

そして、このような文禄・慶長の役後の朝鮮使節派遣の背後では、主として通商上の理由から、一刻もはやい両国関係の修復を望む対馬・宗氏による国書の改ざんと偽作がくり返し行われていたのである。

ことのおこりは慶長十一年（一六〇七）七月に対馬にもたらされた朝鮮側の文書に、両国の通交再開の条件として、家康の国書を先に送ること、文禄・慶長の役の際、朝鮮王の陵墓を荒らした犯人を送ること、という二つの条件を示してきたことにはじまる。このうち、国書を先に送るということは当時の外交上の慣習として日本側の降伏を意味するのであり、朝鮮側の意図としては日本側にこのような解決困難な問題を投げかけることによって、交渉を引き延ばしをはかり、その間に対馬と幕府の態度をみようと企図したものと解されている。

これに対し、講和交渉の重要な段階と考えた対馬側では、はやくも同じ年の十一月に家康の国書とともに朝鮮王陵を荒らした犯人二名を朝鮮に送った。このときの犯人二名は対馬の罪人をでっちあげて仕立てたものであり、さらに「家康の国書」と称するものこそ対馬の重臣・柳川氏たちによって偽造されたものであった。

この時偽造された国書は今に伝わっていないが、朝鮮側の記録からみると、先に行った侵略戦争に関する謝罪と両国の講和を望むという内容であったとされ、文末には明国の年号が書かれ、家康には日本国王の称号が用いられ、「日本国王」の印が押されてあったと考えられている。

条件がかなえられた朝鮮は、この翌年、使節を派遣するのであるが、その使節は架空の家康国書に対しての「回答使」とし、また、侵略の際に日本によって連れ去られた人びとを送り返すという意味で「刷還使《さつかんし》」の役も兼ねた。「回答使」のもってきた国書は当然ながら、対馬で偽造したにせの家康国書に対する返書の形式をとっており、このままではたちまち、国書の偽造が露見してしまう。そのため対馬側の関係者は今度は朝鮮使節のもってきた国書を改ざんせざるをえないということになる。もっともわかりやすい部分をあげると、国書の冒頭の「奉復」という返書の出だしを、初めて書をさしあげます、という意味の「奉書」というふうに書き替え、さらに、さきの偽造国書の内容である侵略戦争の謝罪と講和を望むことにふれた部分を書き替えねばならず、全体では一一カ所にもおよぶ改ざんが行われた。

にせの国書によった両国の修好は慶長十二年、朝鮮の使節が江戸城において将軍秀忠に謁見し、国書の交換を行い、さらには駿府《すんぷ》の大御所家康にも拝謁したことによって成されるにいたった。このような偽装された通交のほころびは、もちろん後をひくことになり、その後も元和三年（一六一七）、寛永元年（一六二四）にも国書の改ざんを行わなければならなかった。

そして破綻はやってくる。対馬島主の宗氏と重臣である柳川《やながわ》氏の不和が高じて、寛永十年（一六三三）、柳川調興《しげおき》は宗氏が朝鮮外交をあずかる大名として不適格であるという証拠に、あろうことかそれまで機密事項であった国書の改ざんを幕府に暴露してしまったのである。これによって宗氏と柳川氏は幕府の吟味をうけ、ついに寛永十二年（一六三五）には将軍家光自らが双方を尋問し、最終的にはあずかり知らないと押し通した宗氏の側の勝訴に終わり、国書改ざんの罪は柳川氏にきせられ、柳川調興らは家財没収のうえ流罪と決まった。この裁定の方法と極刑を選ばなかった判決にも徳川幕府の政治的決着のからくりがあるといわれるが、とりあえず、事件は収束をみることになった。

発見された図書・木印——偽造文書の謎をとくかぎ

一国の意思を反映する外交上、もっとも重要な文書である国書がどのように偽造されたかについては、一九九五年（平成七）に重大な証拠が発見されている。それは国書偽造に使用した印章である。

朝鮮王朝が日本からの通交者に対して与えた銅印は「図書《としょ》」といい、これを授けられた者を「受図書人《じゅとしょにん》」といい、彼らが派遣する船が「受図書船」であった。田代和生《たしろかずい》・米谷均《よねたにひとし》の両氏は宗家が蔵し、譲渡されて個人所蔵となっていた資料のなかから、「受図書人」や「受図書船」の証《あかし》であった図書二三点とこれを模したものを含む木印一四個（一〇種類）を発見し、詳細に報告している（「宗家旧蔵『図書』と木印」『朝鮮学報』一五六　一九九五）。

それによると、印面に刻された人名の検討によって、図書には明らかに対馬側が創作した架空の人物に対して与えられたものがあることが明らかになり、その結果として対馬側に図書が残されたことがわかっている。たとえば、「京極晴廣」「畠山晴秀」「畠山義賢」なる人物はまったく通交記録にみえず、捏造された人物であると考えられている。また、木印のなかには図書を模したものの他に、朝鮮国王が国書に用いる印のにせものが発見されている。これは『論語』からとった「為政以徳」という印文をもち、印面は一辺七・三センチの方印で、背面には対馬島主の所有を意味する「太守」の文字が墨書されていた。

ところで、一六〇七年（朝鮮では明の年号を使用するので、国書の記載は万暦三十五年）と一六一七年（同じく万暦四十五年）に朝鮮使節がもたらしたものを対馬で改ざんした、いわばにせの国書（すなわち幕府にもたらされた国書）が京都大学文学部博物館に現存している。一六〇七年の国書に捺された「為政以徳」の印影と木印「為政以徳」を比較した場合、明らかに字の形に違いがあり、このときの改ざんにはにせの木印を用いたのではないことがわかる。

また、一六一七年には朝鮮国王の印が「徳命之寶《とくめいのほう》」という印文に改められていることから、このにせの木印は徳川時代に使用されたものとは考えられない。実はこのにせの木印は宮内庁書陵部に所蔵される豊臣秀吉にあてた一五九〇年（万暦十八）の朝鮮国書に押されている印と完全に一致することが明らかになっており、秀吉の時代にもたらされた朝鮮国書の改ざんに用いられたものと考えられる。今までにも、秀吉の発した国書の文言のなかの明国への先導を朝鮮が行うという意味である「征明嚮導《きょうどう》」という文言を明国への道を借りるという「仮道入明」へとすりかえる裏工作が対馬によって行われたという状況証拠があったが、それに加えて一五八九年には宗氏によって、にせの「日本国王使」が遣わされた後、これに対するにせの回答であるはずの一五九〇年の国書も、当然ながら、対馬で改ざんされたものと考えられる。

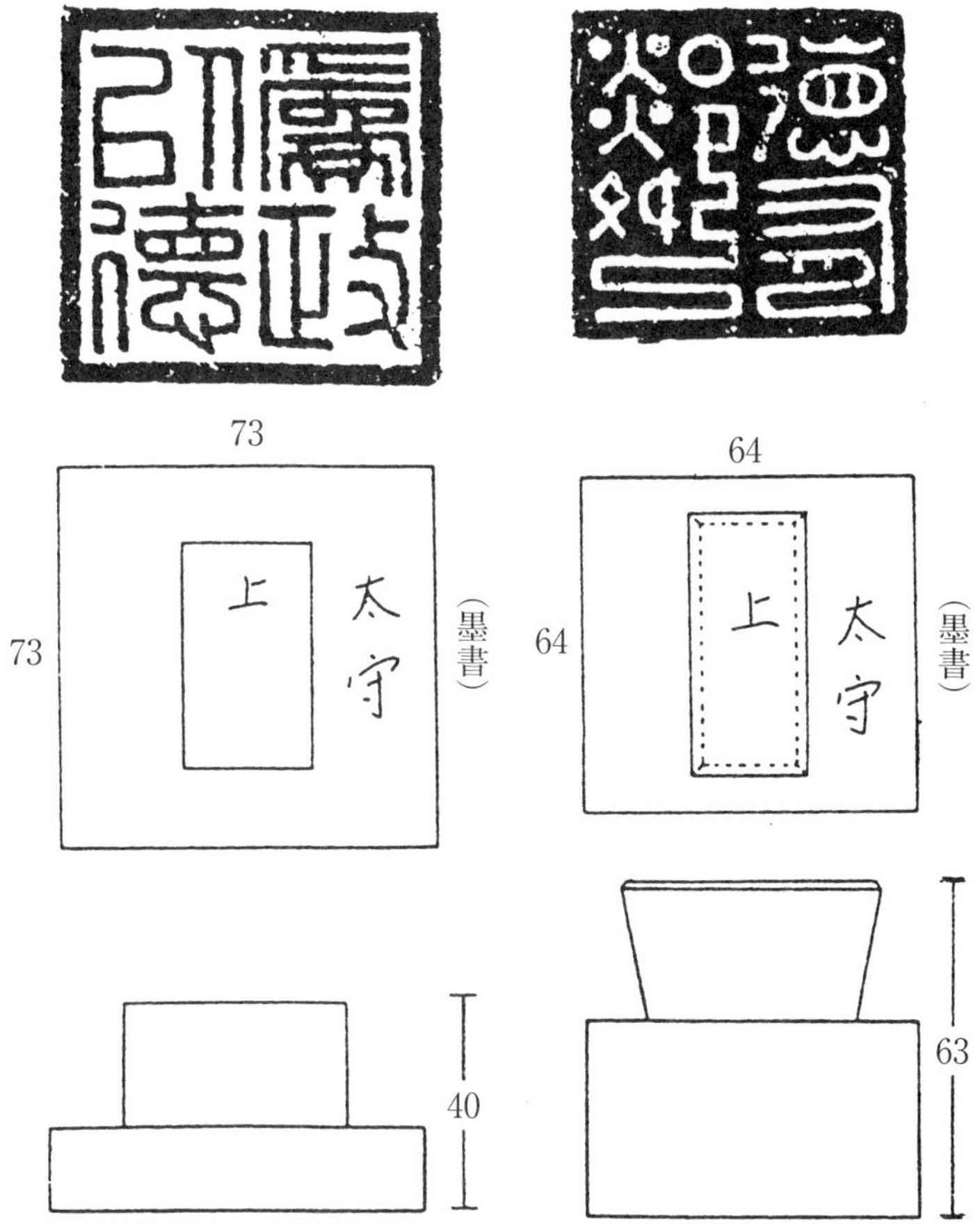

朝鮮国書の偽造に使われた木印と足利将軍の偽木印
左は「為政以徳」、右は「徳有隣」。

模造木印の発見は対馬宗氏による日朝両国の国書偽造と改ざんが、秀吉時代から行われていたことの物的証拠となった。またこの他に足利将軍が朝鮮および琉球への外交文書に使用した「徳有隣」という印文をもつ木印や、朝鮮が大内氏のみに送った特別な勘合《かんごう》の印である半面しかない通信符の木印が同時に発見されていることからも、対馬によるにせの使いはさらにさかのぼって行われていたことが推測される。

ここまで紹介してきた田代・米谷両氏の報告と論考は、このように驚くべき内容にあふれている。このような対馬の外交は地理的・政治的な位置を存分に生かし、基本的には自らを利するために行われたものである。しかし、当然ながら現代的な善悪の価値判断で論ずべきものではなく、それどころか国書の偽造と改ざんによって、結果的には江戸時代を通じて行われた江戸幕府と朝鮮王朝の修好関係の端緒を開いたのである。

すでに中世における偽文書の効用にはふれたが、中世的世界における印や文書の認識や使用法、そして効力は現代の私たちの観念とは次元を異にするものであり、それらが具体的に分析されることによって、私たちは中世という現代とは異質な世界へ、より深くわけ入ることができる。そして、対馬の行った国書偽造・改ざん政策の破綻が、外交の面での中世の終焉を物語る象徴的な事件となったのである。

百姓印の変遷

近世には印章をもつ階層が広がり、いろいろな地域の文書に農民の印影がみられるようになる。百姓印といわれるものである。百姓印の使用実態や様相は地域的に異なるとされるので、ここでは分析の進んでいる地域の例を中心にみていくことにする。

江戸時代の多良《たら》郷（現在の岐阜県養老郡上石津《かみいしづ》町）の五人組帳に捺された印影を中心とし、その他の中部地方の文書などを検討した笹本正治氏は、次のような時期的な変遷を明らかにしている（「近世百姓印の一考察——形態変化を中心にして」『史学雑誌』八九—七　一九八〇、「系図とハンコ——『家』意識の成立」『週刊朝日百科 日本の歴史・別冊 歴史の読み方８ 名前と系図・花押と印章』一九九〇）。

それによると、天正〜天和年間（一五七三〜一六二四）は長方形を主とした角形印が最も多く、楕円形がこれにつぎ円形は比較的少なく、印の外縁は二重の線がめぐるものが多いという。また、捺印の習慣が定着しておらず、同一人物でも日によっては印章を使用したり、略押《りゃくおう》（略花押。花押の代わりに用いられた簡単な符号）を用いたりというように一定しない。また、同一人物でも数年後に同じ印章を使っている例が少なく、当時の印章が一時的なものであったことがわかる。また、印影のなかには墨がたれているものもあり、専門の印肉ではなく、墨によって捺印が行われていた。

寛永〜万治《まんじ》年間（一六二四〜六一）になると、五人組帳の捺印者の数が記載者の半数ほどしかみられず、残りは花押や略押を用いている例もみられる。また、村方三役のほうが一般農民より印章をもつ割合が高く、印章自体も大きく複雑な印様のものを用いる傾向がある。この時期の五人組帳には、

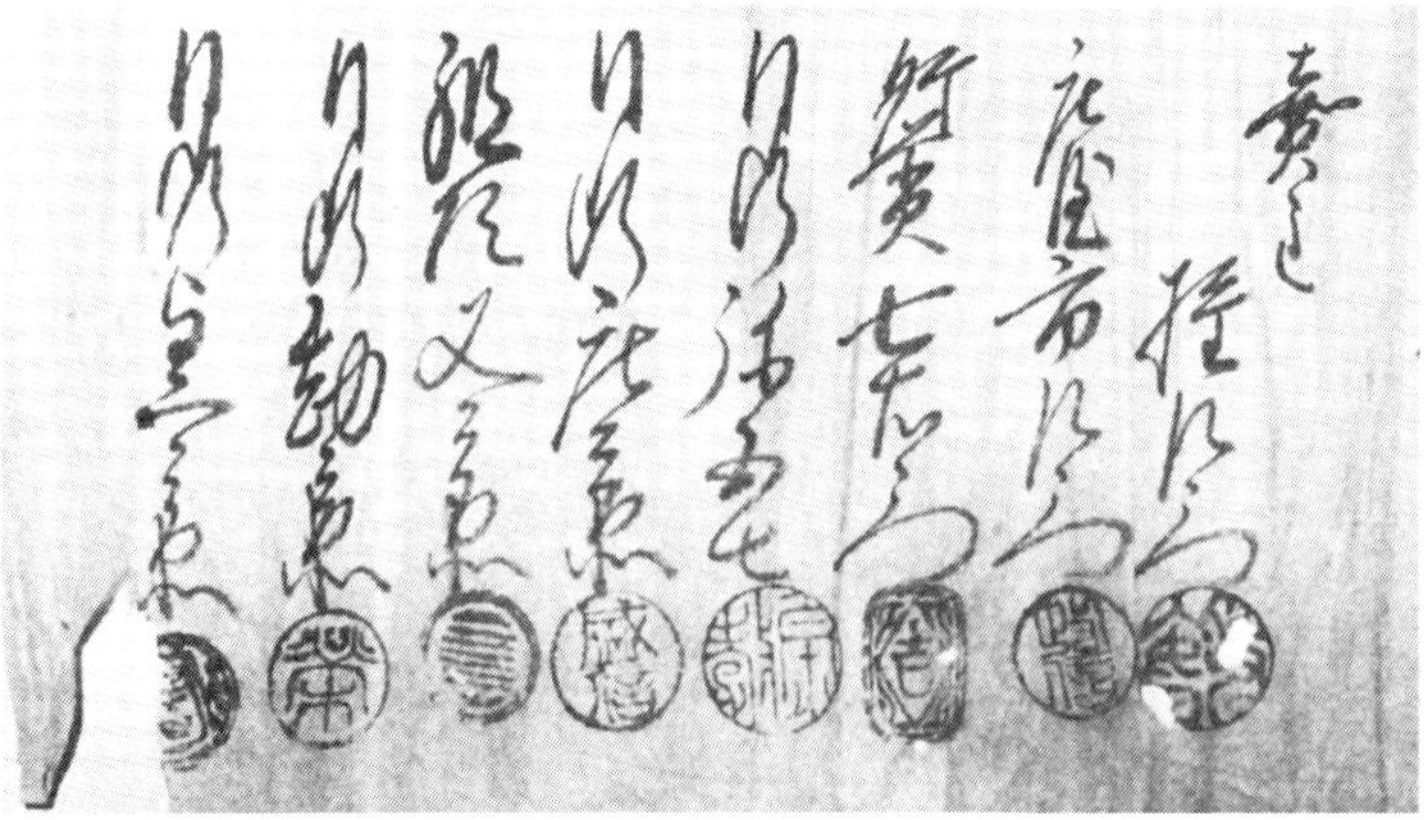

江戸時代後期の百姓印（近江「西遊寺文書」より）

「五人組帳に押した判以外は所持してはいけない」との旨を記した例が広くみられ、全国的にみても五人組帳の作成を契機として、寛永十一～二十一年（一六三四～四四、十二月に正保と改元）に百姓たちの間にも印章をもつことが広まったと考えられている。

江戸時代の中ごろ以降、寛文～正徳年間（一六六一～一七一六）にはほぼ円形印に限られるようになり、「福」「宗」「定」「家」「宝」「栄」など家の繁栄や富、幸福に関する吉祥文字から実名の一部をとった一字印へと推移するとされている。そして、このような吉字が用いられるのは、家運を左右するという、現代の「印相」観念にもつながるような特別な呪術的な力が印章に期待されていたからであるという。

また、おそくともこのころから農民の捺印にも黒色の印肉が使われるようになる。現在では印肉といえば朱肉を指すが、江戸時代の庶民階層ではふつうは黒色の印肉を使った。また、室町時代の末期に始まり、豊臣秀吉、徳川家康へと引き継がれて鎖国にいたるまで盛んであった朱印船貿易でもよく知られているように、海外への渡航許可書としての朱印状などに代表されるように、江戸時代では公的で重要な文書には朱肉による印影を捺し、軽微な事柄や私的な文書には黒印が用いられた。また、大名などの領地に関する文書などには、さらに将軍の花押を加えた場合もある。

つづく享保～明和年間（一七一六～七二）ごろになると、とくに名主・庄屋の印章は実名の二字を刻すようになり、直径も一・五センチ程度で、印の外縁も一重になり、現代の印章に非常にちかい物となってくる。外縁が二重で文字の回りに模様のあるものもみられる。また、二字印のなかには姓を彫ったものも出てくるといわれている。

そして、安永～文政年間（一七七二～一八三〇）ごろになると円形の印に限られるようになり、印文は実名が主体で、文字は右から左へと彫られるようになり、周囲の模様がみられなくなる。さらに天保～慶応年間（一八三〇～六七）ごろになると外縁の太い円形印が現われ、右から左へと書かれた二字印で、篆刻《てんこく》技術がきわめて精緻《せいち》になり、近世の印章の到達点にいたる時期といわれている。

また印章そのものからみると、十六世紀後半から十七世紀半ばまでは農民それぞれが家を区別するために自分で彫った印を用いたのに対し、十七世紀半ばから十八世紀前半には専門の「判子屋」「印判師」といわれる人が作った印に変わってきたといわれている。そして、武士たちを摸倣した村役人層によって変化し受容された印は、やがてより下層の農民層へと受け入れられ、受容した側からみれば、当初、領主側の意図によって家を区別するために持たされた印が家そのものを示すようになり、農民のなかでも名字（姓）をもった階層が自らの家の特権意識を誇示するために姓を刻した印をもつことになったという。そして明治時代になり、すべての人が姓をもつようになったことで、それまでに形成された名字印をもつことに対する特権意識が下敷きとなって、明治以降の印も個人を表わすものでありながら家の姓を刻するようになった、と笹本氏は考察している。

いっぽう、尾崎行也《ゆきや》氏は信濃国伊那《いな》郡を中心にした中世から近世前半期ごろまでの農民捺印の変遷を、慶長十九年（一六一四）の牛巻《うしまき》村（現在の下伊那郡高森町牛巻）百姓連判《れんぱん》手形、元和五年（一六一九）の遠山（現在の下伊那郡南信濃村上村）連判手形、寛永二十年（一六四三）の大南山村年貢未進米書立などの事例をもとにして、次のようにまとめている（「信濃国伊那郡にみる農民捺印実態」『長野県立歴史館研究紀要』一　一九九五）。

1　農民のうち指導層が花押を用いるが一部に印判もみられる。

↓

2　農民一般に捺印の必要性が生じ、花押に類似したものや略押が広くみられる。

↓

3　指導層の花押の印判化が進み、一般農民の略押も印判化がはじまる。

4　花押が消え、略押も激減する。印判が急増するが、農民自身が作った印章が多い。←

5　農村での印判使用が一般化する。←

それぞれの時期について尾崎氏は、2は南北朝時代にもみられるとし、3・4は先にあげた慶長〜元和の文書を、5については寛永二十年の文書を例としてあげている。

このような農民における捺印実態の変化の背景としては、郷村における意思決定が土豪や有力農民層に代表されていた段階（1）から、郷村での意思決定に農民個々人の意思表示が必要になったが、識字率の低さから自署は少なく、花押や略押が代用として用いられた段階（2）をへて、江戸時代初期には一般農民個人の捺印の機会が増えた結果、特定の困難な略押の不確実性が問題となり、農民自らが刻した印であっても個人の特定性という点からは印章が使われる段階へと入っていたとしている。

百姓といわれる一般農民は自己あるいは自分の「家」を特定することによって当事者能力をもつようになる。その契機としては各家を単位に編成された五人組の制度の実施があげられ、この時、「五人組帳」作成のために家ごとの印をもつようになった。その結果、十七世紀半ば以降には百姓の間でも「家」の意識が強まったとされ、「名字（苗字）」をもつ人びとはこのころから、名前ではなく「名字」（姓）を刻した印をもつようになったといわれている。

江戸時代のはんこ職人（『人倫訓蒙図彙』より）

江戸時代のはんこ職人

江戸時代における印章使用の広がりに大きな影響があるのは、職業としてはんこを作る、印判師とか判子屋と呼ばれる人びとの動向である。すでにみたように寛永期ごろまでは農民が自身で作った印章も多くみられるが、寛文～正徳《しょうとく》年間ごろには判子屋が作ったものが増えてくる。この背景には江戸、京、大坂の三都における印判師の普遍化が関係するといわれている。

元禄三年（一六九〇）の奥書のある『人倫訓蒙図彙《じんりんきんもうずい》』には印判師の絵と説明が載せられている。これによると印材は「水牛」で、絵や墨跡に用いる印は「石」をもってつくるとし、京では「京極《きょうごく》通二条上ル丁《ちょう》井上大和、其外《そのほか》所々にあり。大阪は堺筋平野町《ひらのまち》にあり。江戸、京橋四丁目、銀町、乗物町」というふうに、三都それぞれの印判師の所在を記している。石井良助氏によると江戸の印判師は、寛永初年に京から下ったという伝えがあるらしいが、さきにふれた一般農民層においても印章使用の増加がみられるという時期とは一致しており、このころから江戸の庶民の間でも印判が用いられるようになったと考えられている。

その後、印判師は江戸後期の浮世絵師である鍬形蕙斎《くわがたけいさい》（北尾政美《きたおまさよし》、一七六四〜一八二四）の傑作である『職人尽絵詞《しょくにんづくしえことば》』などにもとりあげられるようになる。このことは印判が広く使われ、印判師も庶民にとってなじみ深い職業となったことを示している。

また、十七世紀末ごろに露《つゆ》の五郎兵衛《ごろべえ》が作った大道芸として行われた笑話集とされる『軽口露《かるくち》がはなし』にも「印判屋のむすこ」という題目がある。

ある所に老齢の印判屋があったが、留守に客が現われ、「今日夜舟にのり大阪へ下る」ため先日注文した印判をぜひ受け取りたいと催促する。そこで、「百の銭十一二文ぬけた（九十六文で百文として通用した）廿斗《はたちばかり》のむすこ」すなわちちょっと足りない二十歳ばかりの息子が対応したが見覚えがないという。客は注文したときも、同席したくせにというと、息子は親父の眼鏡をかけて「私は見知らぬが、親父の眼鏡をかけて見れば、先日おいでなされた人じゃ」といって印判を渡した、という話である。

露の五郎兵衛はのちの関西落語の祖といわれ、彼の活躍した町が京都であり、「夜舟にのり大阪へ下る」といっているところからみて、「ある所」とされているのは京であり、印判屋という職業が、このころの京都ではすでに笑い話にされるほど親しまれていたものと思われる。

江戸時代の生活とはんこ

江戸時代には笑話、軽口だけでなく、文学作品にもはんこはしばしば現われる。本書の冒頭に井原西鶴『万文反古《よろずのふみほうぐ》』巻三「明けて轟く書書の箱の段」に出てくる遺言の様子を引用したが、文学作品のなかにみえるはんこは当時の生活のなかでの用いられ方を具体的に伝えてくれる。ここでいくつかの例をひいて江戸時代の社会のなかでのはんこのあり方をのぞいてみよう。

江戸時代に金銀の貸借をする場合は普通、借用手形を受け渡しした。そこには債務者は保証人とともに捺印し、改ざんをふせぐため金額の上や紙の継ぎ目にも印を押した。ただし、きわめて信用の篤い間柄であるときは当事者だけの捺印ですませた場合もあったことは、永井堂亀友《ながいどうきゆう》（一七六二〜七七年ごろにかけて活躍）作『当世銀持気質《とうせいかねもちかたぎ》』巻四第二に、「是はどなたぞお頼申《たのもうし》て、内證借《ないしょうかり》に仕《し》たい物じゃとかねがね存《ぞんじ》ておりますところ（中略）世悴《せがれ》とわたしと二人で済ます印形《いんがた》なら、證文《しょうもん》はいかよう共《とも》よかろうようにおまえでおしたためなされて下されを（後略）」という言葉がみられることからもわかる。

井原西鶴『好色二代男諸艶大鑑』巻八第三には「小判百両借りれば、口次判代に十五両引きて渡す」とあるように、保証人が手形に捺印する際は加判代《かばんだい》という金銭を受けることが普通であった。そして、債務証書に保証人として捺印した者は債務者の債務不履行の場合は弁済の義務を負い、債務者の死亡・失踪の場合も代償の義務を負った。

また、家を借りる場合、奉公人などの身元引受状、家屋敷の売買などにも請人《うけにん》すなわち保証人の連署が必要であったが、このほかに、江戸時代には質入れ、すなわち借金の抵当になる物品を質屋に預けるのに際しても保証人を必要とした。井原西鶴『日本永代蔵』巻三「世はぬき取の観音の眼の段」に、「町はずれに菊屋の善蔵といえる質屋ありしが（中略）亭主は中々心よわくてはならぬ商売。是程嫌な事はなし。これにも請人印判吟味かわる事なく掟の通り大事に掛ける」とみえるのを、その例としよう。

さらには現在の実印と同じく、あらかじめ届け出をする印があったことを認識しておかなければならない。名主《なぬし》・年寄《としより》（組頭《くみがしら》）などは代官などに印影をとどけ、また、町人百姓はあらかじめ名主・年寄などに印影をとどけておかねばならず、やむをえず改印する場合も名主・年寄などへ見せたうえ帳面に控えなければならないという規定があった。そして、このような届け出をした印章が、五人組帳や宗門改帳《しゅうもんあらためちょう》など村方の大切な帳面に押された。

このように江戸時代においては、すでに現代のはんこ社会の骨格は形成されていたのであり、この時点で後の時代へのレールは引かれていたのであった。

三下り半と爪印

江戸時代の庶民のくらしにかかわるものとして離縁状にまつわるはんこを見ておこう。

江戸時代の離婚は夫から妻に対し離縁状を与える事が定まっていた。寛保二年（一七四二）の『公《く》事方御定書《じかたおさだめがき》』には離婚、とりわけ離縁状についての規定があり、それによると離縁状を渡さずに後妻をもらった夫や離縁状をもらわずに他家へ嫁いだ妻、またそれを縁付けた親元はすべて罪にとわれた。すなわち、離縁状の授受が夫、妻の双方にとって離婚の要件であることを規定しているのである。

ただし、一口に離縁状といっても、形式にも地域差があり、標題も本文も地方によってさまざまに異なっていた。標題のみをみても、「離縁状」「去状」「離別上之事」の他に「一礼之事」「離別一礼之事」などがみられるというが、いずれも本来は自筆で書くたてまえで捺印することとなっていた。しかしながら、実際に残されている離縁状には、印章を押したものの他に爪の先に墨をつけて捺した爪《つめ》印《いん》（爪判《つめばん》ともいう）や、爪の形に書いた書き爪判を押したものも多く、その他には拇印《ぼいん》や花押、さらには捺印のないものもある。

離縁状の俗称であり、代名詞ともなる「三下り半」は通例、離縁状が三行半に書かれたことによるものであることはよく知られており、江戸時代の書式用例集にも本来は三下り半にかくべきと記されている。しかし、これは俗習であって、法令で決められていたわけではなく、実際の離縁状でも三下り半でないものが多くみられる。また、明治以降の書式用例集にも五行の離縁状書式を載せたうえ、習慣によって三下り半でもよいというただし書きがみられるものもある（高木侃『三くだり半――江戸の離婚と女性たち』平凡社　一九八七）。

江戸時代の離縁状の授受については幕府の法律規定にみられるのに対し、印章の用い方も含めた文書の形式そのものは慣行によって行われていた。

終章　はんこからみた日本文化

はんこ文化の東と西

日本におけるはんこの変遷とそれにかかわる歴史的事件などにふれてきたが、世界の他の地域のはんことの違いについてみてみたい。

世界でもっとも古くはんこが用いられたとされているのは西アジアで、円筒《えんとう》印章という筒状のはんこを回転させることによって模様をつけ、壺などの封印に使用したとされている。また、すでにふれたように指輪形の印章はエジプトで現われ、その後、ヨーロッパ、中国とユーラシアを通ってきた。日本でもパスパ文字の刻されている指輪印が出土しているが、これは外国からもたらされたものであり、指輪形の印章は日本では定着しなかった。

英語では印章はシール（seal）といわれるが、ヨーロッパでは一般に蠟《ろう》を用いて文書を封印した。これは封蠟《ふうろう》と呼ばれるが、封をしたところに蠟をたらし、これに捺印する方法と、このほかに羊皮紙などの文書の場合は端に穴を開け皮紐を通して、これに付着させた蠟の塊に捺印するというやり方もあった。

現代の欧米はふつうサインの社会だと認識されていると思うが、もともと中世ヨーロッパの上流階層では読み書きができる人が少なかったために、文書に印章を使用していたという。十五・六世紀ごろからサインすなわち自署が盛んになり、印章と併用されることもあったが、十九世紀以降になるとサインが主流になるといわれている。ヨーロッパのサインの文化もその歴史的経過には印章の使用があったのであり、イギリスでは中世から近世にかけて印章を使用する文書行政が中心であった。

東アジアでは中国の印章については、しばしばふれてきたが、中国の王朝を宗主国としていた朝鮮半島の高麗《こうらい》や朝鮮（俗称では李氏朝鮮とされる）では、王は中華世界の皇帝から印章を授けられ、また、中国と同じように官吏も印章を用いた行政を行っていた。また、日本などに外交文書を発信するときも国書には印章が捺されており、これを逆用して対馬宗氏が偽造文書による独自の外交を行っていたことはすでにふれたとおりである。これは日本と朝鮮の間の外交文書の「信用」の拠りどころが印章であったことによって成り立った、政治的・外交的手段であることを再確認しなければならない。

東アジアにおける印章の機能と認識についての特質を示す二十世紀に入ってからの事件を示しておこう。

第二次世界大戦が終わった翌年、一九四六年（昭和二十一）五月から連合国側の戦争犯罪人を裁くために開かれた極東国際軍事裁判、いわゆる東京裁判では、清《しん》朝最後の皇帝であり、のち日本軍部によってつくられた傀儡《かいらい》国家の満州国皇帝となった溥儀《ふぎ》（一九〇六～六七）が日本の戦争責任を証明する検事側の証人として出廷したことはよく知られている。この際にアメリカ軍法部のブレークニー少佐は、溥儀に対して彼の家庭教師をつとめたイギリス人ジョンストンの著書である『紫禁城《しきんじょう》の黄昏《たそがれ》』を証拠として、その内容の真偽を追及した。ブレークニーはこのとき、溥儀の記した序文を示して、溥儀自身が『紫禁城の黄昏』の内容に承認を与えていることを立証しようとしたが、溥儀は自分が書いたものではないと申し立てた。ブレークニーは、さらに、自筆ではないという意味か、内容に関知していないという意味かと迫ったが、溥儀は自分はこの文章をみたこともなく、他人が書いたものだと答えた。しかしながら、毛筆書きのこの序文の原文には、実際には「宣統御筆《せんとうぎょひつ》」「自彊不息《じきょうふそく》」という宣統帝溥儀の用いた二つの印章が押されていたのである。そして、結果的に『紫禁城の黄昏』は証拠として採用されることはなかった。

私たち日本人を含めた東アジアでの文書に対する慣習と認識からいえば、自筆であるかどうかにかかわらず、捺印されていることは印の所持者の責任を表わすと解するのが常識であり、別の日本人弁護士はこの点を問いただしている。対照的にアメリカ人であるブレークニーにとっては漢字の印影を読めるかどうかということよりも、捺印という行為自体に対する認識が異なっていたことを端的に示す歴史の一こまである。

明治時代における法の規定

現代日本の「はんこ社会」の確立について、直接の大きなきっかけとして明治時代に入ってからの法令の規定によるところが大きい。

一八七一年（明治四）には太政官布告によって取引の約定書の書式を示し、それにはあらかじめ庄屋や年寄などに印影を届け出て、「印鑑帳」を作成し、いつでも印影を照合、確認できるようにしなければならないとして、江戸時代からの慣例を成文化して示した。

翌年には実印を他人に預けてはならないという布告がなされ、また、一八七三年（明治六）五月には、婦女子でも一家を相続した者は公私とも証拠となるべきものには自らの印章を用いるべきことを布告している。

さらに、自署よりもはんこを重視する方向を決定づけたのは一八七三年（明治六）七月に出された太政官布告（第二三九号）で、証書の類に爪印・花押などを用いることを禁じ、明治六年十月一日をもって証書には必ず実印を用いねばならず、実印のない証書は法律上、証拠とならないことを定めている。この布告によって、人びとは文書に印を押すことによって社会・経済上の権利能力を問われることになり、原則として実印を所持しなければならなくなった。

さらに、一八七七年（明治十）七月七日の太政官布告（第五〇号）では、証書のなかで本人が自署し、かつ実印を押すことが必要であるが、もし他人に代書してもらっても必ず実印は押さなければならず、また代書した者も代書した理由と姓名を記して実印を押さなければならない、と述べられている。すなわち、この布告の眼目は証書には本人の自署が必要であると定めたことにある。この法案を作った明治政府の司法省の説明を、石井良助氏の著書から引用してみよう。

従来ノ弊習トシテ、故《ことさ》ラニ印形を貴重スルヨリ、裁判上往々困難ヲ生ジ、贋《にせ》印及ビ盗印ノ証書動《やや》モスレバ、人民ノ権利財産ヲ損害スル等ノ悪弊ヲ生ゼリ、

抑、実印ナル者ハ、一個ノ品物ニシテ、之ヲ模擬シ、之ヲ偽造スルノ容易ナル而已《のみ》ナラズ、窃《ひそ》カニ他人ノ実印ヲ押捺スル等、他日之ヲ弁識スルニ由ナク、其証ヲ取ルコト亦難哉、

回顧シテ実際ノ情状ヲ観察スルニ、実印ヲ偽造シ、若クハ窃カニ他人ノ実印ヲ押捺スルノ類、往々ニシテコレアル所以ノモノハ、独リ実印ヲ貴重スルノ一点ニ偏依シテ、自署法ノ設ケナキニ因リテナリ、（中略）

抑、世態ノ開進スルヤ、人民日常ノ取引愈繁雑ナルニ従ヒ、法律ヲ以テ之ヲホゴシ、其権利財産ヲ安全ナラシメザルトキハ、詐欺百出、裁判上ノ困難ノミナラズ、（中略）故ニ、今ヤ之ヲ保護スルノ方法、先ズ自署法ヨリ始ムルニ如クハ無《な》シ、

因テハ、自署法ヲ併用シテ、従来ノ弊習ヲ矯ルコト、自今急中ノ急ニシテ、一日モ已《や》ムベカラザル者ナリ、今マ《（ママ）》公布按相添、上稟候条、速ニ御発令有之度候也、但、自署法ノ設アルトキハ、実印押捺ノ儀ハ廃止スルモ防ゲナキニ似タリ、然レドモ自署ノ法ハ我国人民ニ在テ耳熟シ目慣レザルノコト、俄ニ之ヲ施行スルモ、却テ多少ノ煩雑ヲ生ズルノミナラズ、他ニ種々ノ方法規則アリテ、俄ニ之ヲ廃止スル可カラザルモノアリ、故ニ両方併用スルヲ以テ便トスベシ

ここで述べられている要点は、実印には偽造または盗用の弊害があり、自署に切り換えたほうがよいが、日本の国民はまだ自署に慣れていないので印章を併用するのがよい、ということである。

これに対し、大蔵省や銀行からは、自署と捺印を併用することは事務処理上非常に煩雑であるというクレームがつき、金融関係証書については「記名捺印」で済まされるようになったが、自署でないにしろ、はんこを押すことが必要であることも確認されたことになる。

その後も、条約改正や商法典の改正などに際して自署に切り替えようという動きもあったが、一八九九年（明治三十二）に衆議院議員の木村格之輔《かくのすけ》により提出された「商法上署名スベキ場合ニ関スル法律案」の「自書スルコトノ能ハザル場合ニハ、記名捺印ヲ以テ之ニ代フルコトヲ得」という内容が、政府の反対にもかかわらず、成立（法律第十七号）したところから、現代「はんこ社会」へと進む道は動かしがたいものとなったといえる。法案の提出者である木村格之輔は演説のなかで、はんこが「日本国民ガ古来ヨリノ慣例」と述べており、歴史的な事実関係はともかくとして、このような観念はすでに深く国民のあいだに根をおろしていたことを端的に表わした言葉である。

はんこづくり日本一の町

その町へ行くと、普通は八百屋や魚屋や雑貨屋などさまざまな業種があるべき通りの店々の多くが、はんこ・印章のかんばんをあげていることになによりもまず驚く。

身延山《みのぶさん》という信仰の名山を除くと、全国的にはあまり知られることのないローカル線であるＪＲ身延線沿いの町、山梨県西八代郡《にしやつしろ》六郷町《ろくごう》はのんきな旅人には、のどかな風景をもったなんの変哲もない町々の一つにしか見えないが、この町こそ「はんこ」大国日本で使われる印章の半分を生産する、日本一の「はんこの町」なのである。

六郷町の印章業の歴史は一八八七年（明治二十）に、水晶を材料とした印章を取引した記録が残っており、これがもっとも古いものとされている。もともと六郷町には江戸時代から行商人が定期的に集まり、行商の拠点としての伝統があったのと、一八六九年（明治二）に国内の水晶原石の採掘が自由になったことで、山梨県は水晶の一大産出地となり、販売の手段やネットワークと材料という要素がそろった結果、水晶印の行商という独特の産業が展開した。

この町で水晶印の生産が本格化したのは大正初年から昭和十年ごろで、その間、一八九〇年（明治二十三）には水晶印の通信販売を始めている。そして、昭和初期には印面のカタログを作成し、当時の満州国にまで通信販売網を広げていた。現在は石や木、牛角などはもとより、ゴムや金属などというふうに材料も多岐にわたっているが、六郷町の印章生産の出発点となった水晶という材料は、山梨県では江戸時代から採掘と研磨がはじまったとされている。水晶自体は全国的にみても、すでに旧石器時代には石器材料として使用されており、山梨県でも現在もいくつかの産出地が知られているが、すでに縄文時代に水晶を加工したことを示す遺構（塩山《えんざん》市乙木田《おつきだ》遺跡など）が発見されており、当時の交易路も検討されている。

はんこの町六郷町を象徴する巨大なはんこ（上）

細かい技術とセンスが必要とされる篆刻の様子（六郷町、下）

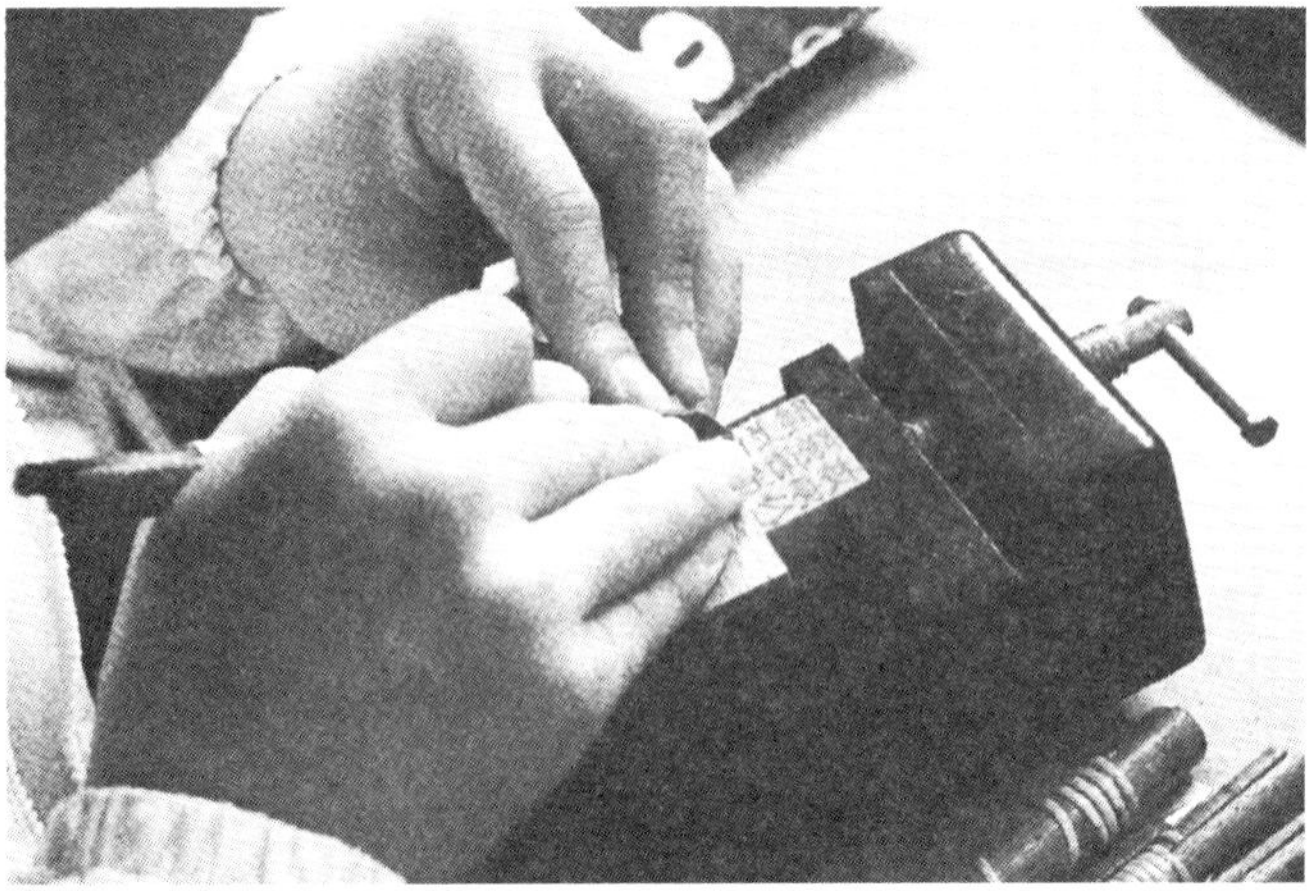

水晶という天然の恵みとそれを加工する技術の伝統、そして江戸時代に開発された行商のネットワークという歴史の重なりを巧みに生かした結果として、日本のはんこ社会をささえる「はんこの町」六郷町がある。そして、産業が土地に根づくということは人と自然との賢明なつきあいが形成したものであることを思いながら、日々、はんこを使いたいと思う。

はんこからみた日本文化とそのゆくえ

はんこを焦点として歴史をみようと、いろいろな角度からながめてきたが、現代の日本のはんこ文化、はんこ社会を観察するときがきたようである。

日本に文字の刻された印章が出現したのは、中国から皇帝の政治的権威とともにもたらされ、それは日本ではそれらを授かった者、奴国王や卑弥呼の内政面での位置づけの拠りどころとされたと考えられる。また卑弥呼に金印を与えた魏の場合では、そのことがとくに中国側の外交的方策ともなっていた。このようにしてもたらされた中国製の金印および銀印は国内の政治でひんぱんに使われたかどうかは確証がなく、むしろその示威的効果が期待されていたのではないかと思われる。しかしながら、授与された中国皇帝との朝貢に際しての上表文など対外的には用いられた可能性が高いと考える。その理由を含めて、弥生時代の倭人が文字を知っていたかどうかについては、時期的にも地理的にもちかい韓国南部での筆や木簡を削るための小刀などの筆記具の出土から、十分な状況証拠がえられたといえよう。

奈良時代になって律令制のもとで官印が整備され、また私印もみられるようになるが、私文書では自署が基本となっていた。平安時代には花押の萌芽がみられ、中世には文書と花押の時代といわれるほどにサインが重きをなした。

中世には印判の押された文書もみられるが、正式な文書には花押が使われた。そして、江戸時代に入ってもとくに武家の間では花押が格式の高いものと認識されたが、町人や農民たちは印判をもちいるようになり、この傾向はとくに五人組という制度が行われるのと深く関係したと考えられている。すでに江戸時代は、現代に通じるはんこの使用が広く行われ、契約や生活の場面ではんこなくしては、当事者の同定や権利能力の行使ができないほどまで成熟したはんこ社会となっていた。そして、この方向性を決定づけたのは明治時代の政府による法令の整備であり、この後、日本は現代のはんこ社会へと一筋の道を歩むことになる。

このようにみてくると、日本のはんこ文化の変遷にもいくつかの転機と画期があったことは明らかであるが、現代につながる社会のなかでのはんこの位置づけを確定したのは、江戸時代における農民・町人層へのはんこの広がりであった。この時期が現代に通ずる契約などの権利行為とそれに伴う日本的な信用が形成された段階であるが、その道筋を決定づけたのは明治時代の民法の規定であり、金印からはじまり、律令制の官印によって芽生えた日本史のなかのはんこの行く末が江戸時代には庶民のなかで育まれながら、歴史の岐路では法制の主導によってその方向を与えられた結果として現代日本のはんこ社会があることにもふれた。そして、日本の「はんこ社会」はどのようにして生まれ育ち、そして根づいてきたかをかいまみてきた。捺印することは社会的・法的には信用を形成することであるが、現在ではコンピューターによる印鑑登録システムやそれによる証明書類の自動交付が実施されている自治体もあるらしい。手続きの自動化という処理上の問題だけでなく、私たちがはんこに負わせた、日本的な信用の形成のしくみや個人の尊厳といった、人格としての人間との兼ね合いなど、もう一度考えてみるべきことも多い。

私たちは手に手にはんこをもったまま、これからも進むのであろうか。個人の同定やそこから生まれる個の尊厳、そして商習慣のみならず人格としての信用・信頼という、印影ににじませてきた多くの大切な問題を私たち日本人が今後どのように考えていくのか、一本の三文判を手に思いめぐらすことはさらに多いのである。そして、こうしている間にも、人びとの喜びに満ちた指で、あるいは憂いに沈んだ手で押されながら、朱色の文字そのものは淡々と日本人のくらしを捺し続けている。

あとがき

私は職場の机の引き出しの中に大きさの異なる三つの、いわゆる朱肉の要らないネーム印を入れており、毎日、まったく無意識にこれらを押しまくっている。毎朝、洗顔に使う歯ブラシやお茶を飲むカップなどと同じ程度になにも考えずに使っているといってもよいかもしれない。

一般的な日本人の日々の生活のなかでは、印鑑を押すことは署名より簡便な自己表示作業でもある。宅配便の受け取りや町内や職場での回覧に代表されるように、このような場合はほとんど自分で書く署名または活字や第三者による記名を伴わないはんこの押捺だけですまされることが多く、署名あるいは記名という作業を簡略化したものに他ならない。しかしながら、いっぽうで印鑑は人生や社会のなかで手が震えるほどの大切な場面で押される場合もある。これほど落差をもった、質的に異なる役割を一つの機能動作で行う器具はほかにはないのではなかろうか。

そしてまた、印章は個人の利益や人生の禍福に関わるだけでなく、捺印という、行為としてはきわめて簡単で単純なことでありながら、それを為政者が行うだけで、すべての人びとのくらしと運命の劇的な変化の起点と終点となる。このことは一九四五年までは天皇の署名と天皇や国の印を押した国家の強力な意思を示す文書の代名詞であった「御名御璽《ぎよめいぎよじ》」という言葉のもつ響きとともに、この国に住む私たちにとっては、かさぶたのように覆いかぶさりながらも、つねに対峙し、みつめ、世の中の移ろいのなかでも反問していかなければならない事実であることも、多く語られるところである。

日本人が第二次世界大戦という歴史のなかでの一つの帰結にたどりつくまでに限って、印章によりながら時代を追うことが、結果として日本の歴史の重要な切り口をみていくことになるのは、やはり印章がときにはそれを押す人間を越えて歴史を牽引することがあり、人の片手に余る小さな器物としてはまれなほど、政治や社会などの動きを尖鋭に歴史の上に捺するものであるからである。

印章をとおして見た日本史の解剖作業が限られた紙幅のなかで、はたしてどこまで成し得たか、書き終えて自問するが、空間的には東アジアのなかで、時間的には現在の「はんこ文化」の見え隠れするところまでを、自分なりの問題意識で抽出したつもりである。また、それゆえに認識の不足がみえかくれしたり、思いがけぬ誤謬をおかしているかもしれず、そのような点に対してさまざまなご意見をいただきながら、この小著を熟成させ続けられれば、それは至福というものであろう。そんなことを願いながら、今日もはんこを押しながら日々の現実に対していこうと思う。

一九九七年夏

門田誠一

参考文献

相田二郎『戦国大名の印章——印判状の研究』(相田二郎著作集2) 名著出版 一九七六
安藤孝一「奈良・平安時代の印」町田章編『考古学による日本歴史 5 政治』雄山閣 一九九六
石井良助『はん』学生社 一九六四(のち『印判の歴史』と改題して一九九一年に明石書店より再版)
大谷光男『研究史 金印』吉川弘文館 一九七四
大谷光男編『金印研究論文集成』新人物往来社 一九九四
荻野三七彦『印章』吉川弘文館 一九六六
荻野三七彦「古文書に現われた血の慣習」『日本古文書学と中世文化史』吉川弘文館 一九九五
鎌田元一「日本古代の官印」上横手雅敬監修『古代・中世の政治と文化』思文閣出版 一九九四
木内武男『印章』柏書房 一九八三
駒井和愛『楽浪』(中公新書) 中央公論社 一九七二
笹本正治「シルシとしての判子」『季刊iichiko』一一 一九八九
笹本正治「近世の村の公印」『列島の文化史』七 日本エディタースクール 一九九〇
佐藤進一『花押を読む』(平凡社選書) 平凡社 一九八八
ジョンストン著、入江曜子・春名徹訳『紫禁城の黄昏』(岩波新書) 一九八九

高倉洋彰『金印国家群の時代——東アジア世界と弥生社会』青木書店　一九九五
高沢淳夫「はんこの社会史にむけて——日本的「信用」の現象形態」『ソシオロジ』三八—二　一九九三
東京大学出版会『帝国議会衆議院議事速記録』一六　一九八〇
中田薫『徳川時代の文学に見えたる私法』明治堂書店　一九二五（岩波文庫　一九八四）
新関欽哉『ハンコロジー事始め——印章が語る世界史』日本放送出版協会　一九九一
新関欽哉『東西印章史』東京堂出版　一九九五
羅福頤、北川博邦訳『図説中国古印研究史』雄山閣　一九八五
羅福頤・王人聰、安藤更生訳『中国の印章』二玄社　一九六五
六郷町印章誌編纂委員会『六郷町印章誌』山梨県六郷町役場　一九七六

p.83下　福岡市教育委員会『博多』44（博多遺跡群第78次発掘調査概報』1995）より
p.86　吉川弘文館『国史大辞典』1・9より
p.87　吉川弘文館『国史大辞典』1　より
p.92　宮地直一『熊野三山の史的研究』（宮地直一遺稿集第1巻）同遺著刊行会　195　より
p.99　田代和生・米谷均『朝鮮学報』156　1995　より
p.102　同志社大学歴史資料館所蔵
p.106　『人倫訓蒙図彙』日本古典全集刊行会　1928　より
p.118　六郷町印章連合組合提供

図版出典一覧

p.8　『八文字舎五種』有朋堂書店　1927　より
p.13　孫敬明他「山東五蓮盤古城発現戦国斉兵器和璽印」(『文物』1986—３)
p.17上　秦波「西漢皇后玉璽和甘露二年銅分炉的発現（『文物』1973—５）より
p.17下　朱耀廷他編『古代陵墓』遼寧師範大学出版社　1996　をもとに作成
p.20　西日本新聞社提供
p.22　著者提供
p.26　著者提供
p.29　『日本随筆大成』22（第１期）吉川弘文館　1976　より
p.38　李健茂「茶戸里遺跡出土の筆について」(『考古学誌』４　1992）より
p.42　岡崎敬「『夫租薉君』銀印をめぐる諸問題」(『朝鮮学報』46　1968）より
p.45　石田恵子「古代オリエントの印章」(大谷光男編『金印研究論文集成』新人物往来社　1994）より
p.47　関野雄「臨淄封泥考」(『東洋学報』72—１・２　1990）より
p.49　朝鮮古蹟研究会『昭和10年度古蹟調査概報』1936　より
p.51　小場恒吉他『楽浪王光墓』朝鮮古蹟研究会　1935　より
p.58　吉川弘文館『国史大辞典』１　より
p.65右　日光二荒山神社所蔵
p.65左　高崎市教育委員会『矢中遺跡群（X）』1988　より
p.66　樫村友延・吉田生哉「福島県番匠地遺跡」(日本考古学協会編『日本考古学年報』40　1989）より
p.68　奈良国立文化財研究所『1993年度平城宮跡発掘調査部発掘調査概報』1994　より
p.70　「山辺千足月借銭解（宝亀四年）」(『正倉院文書』大日本古文書六　東京帝国大学　1904）より
p.75　吉川弘文館『国史大辞典』１・９・13　より
p.78　名古屋大学文学部所蔵
p.83上　鷹島町立歴史民俗資料館所蔵

その後の印章研究の動向

復刊にあたって

『はんこと日本人』は、井原西鶴が書信のやり取りで構成されるいわゆる往来物の型式で、江戸時代の町人の生活を活写した『万文反故』にみえる当時の遺言について、年寄五人組の判が押されていることから説き起こした。初版を刊行してから、二十年以上が経過した。東アジアの考古学を専門とする著者にとって、印章とその文化を通時的に考察することは相当な難題であったが、その時点の優れた研究に依りながらなんとか一書にまとめることがかなった。初版は「日本を知る」というシリーズの一冊であり、当時はさほど一般的でなかった文字の級数を大きくした新書版で百数十頁という制限のなかで、日本文化の様々な課題を扱う目的で企画された。このシリーズは刊行されたものだけでも『雪を読む』『虫と日本文化』『地震〝なまず〟の活動史』『看板の世界：都市を彩る広告の歴史』などいずれも日本文化史の特徴的な課題を取り扱った叢書であったが、諸事情により、完結をみなかった。

そのなかの一冊として、初版が企画された時点ですでに、石井良介『はん』（学生社、一九六四年）、相田二郎『戦国大名の印章：印判状の研究』（名著出版、一九七六年）、荻野三七彦『印章』（吉川弘文館、一九六六年）、新関欣次『ハンコの文化史：古代ギリシャから現代日本まで』（読みなおす日本史所収、初版は一九八七年刊）などの学史的な研究があった。執筆当時、著者は未だ不惑も迎えず、研究者としても未成であったが、専門とする考古学・古代史以外の印章・印判に関する内容は、これらに導かれつつ成稿した。紙幅の都合もあり、本書の内容は印章の通史ではなく、東アジアの視点も含め、いくつかの特徴的な話題で綴った日本文化としての印章の史的点描を目指した。

その後、主として印学的な視点によって、古代から明治時代までの印章に関する体系的な著述としては、久米雅雄『はんこ』（法政大学出版局、二〇一六年）がある。これに先行して同氏によって、中国と日本の印章に関する既発表の論考をまとめた『日本印章史の研究』（雄山閣、二〇〇四年）が刊行されている。

いっぽう、初版では資料が増加しつつあった考古資料としての銅印や中国・朝鮮半島などの印章・封泥や関連資料もあわせて、時間と空間の広がりのなかで、日本文化としての観点から、可能な範囲で印章に関する知見を整理してみた。

今回、復刊の機会を得ることになったが、まず、研究方法や視点の展開を踏まえ、本書が立脚した考古学・歴史学の視点による印章とそれに関わる文化を中心として、主な研究を瞥見することによって補論とする。それに際して、紙幅と本書の内容から、印章やそれを用いた文書等の個々の資料紹介や事例研究および図録類、音韻学や科学的調査等の異なる分野の研究は割愛した。本書を手にする読者の興味関心をより深化させるために公共図書館等でも比較的閲覧しやすい日本語の文献を中心として、以下に示すことにしたい。

一　印章研究の視点と展開

初版をまとめた時点では、印章・印判などの研究は、時代ごとの形状の違いや使用法が中心となっていた。これらにとどまらず、中世史・近世史・民俗学などに関わる印章については、異論・異説や今後の研究の展開も含めて、問題点と課題を整理して提示した。印章の検討方法としては、中国で発展してきた篆刻としての印面や印影を対象とした印学がある。これは文人などの篆刻や落款を印譜や伝世資料としての印章から、芸術的な側面をも含めて取り扱う分野である。日本においても、印学は江戸時代より行われ、その後の展開を含めて、書学・書道史の対象としてだけではなく、日本の印学の体系化を目指す方向性が示された（神野雄二「日本印人研究：日本印史とその特色」『国語国文研究と教育』四八、二〇一〇年）。印学やその時間的な流れを取り扱う印史と呼ばれる分野は、落款や篆刻など書画とも関係が深いことから、書道史・美術史の対象とされることが多い。また、江戸時代の大坂の学問所であった懐徳堂に関係した文人の印章とその印譜が紹介され、彼らの教養・思想の研究に資することとなった（湯浅邦弘『墨の道　印の宇宙：懐徳堂の美と学問』大阪大学出版会、二〇〇八年）。これらの資料は「WEB懐徳堂」(http://kaitokudo.jp/)というサイトでデジタルアーカイブ化され、データベースとして公開されたことも、現代的な研究状況を反映している。

総じて、文献史学における印章の研究は、史料・文献にみえる印章の用途や社会的機能およびその背景の検証が中心となる。いっぽう、考古学における印章の研究は、学術的な方法で発掘調査され、記録された資料に基づいて行われている。これは日本で学問体系としての考古学が行われはじめた時に、すでに指摘されてから(濱田耕作『通論考古学』大鐙閣、一九二二年)、連綿と続く基礎的な認識である。これらの異なる研究手法を踏まえつつ、考古学的な方法によって得られた情報をもとに、主として印章を媒介とした文化史的側面に関して、古代の知見を中心として、これらを相対化するために異なる時代を含めた文化史的な整理を行うことが本書の意図するところである。

二　金印と古代の出土印章

金印研究の動向

基本的な印章研究の方法をあえて示すのは、本書の前半にふれた考古資料としての印章の研究の動向のなかで、このような方法が問われることがあったからである。

たとえば、研究史のなかで議論されてきた志賀島出土の「漢委奴國王」銘金印の真贋については、中国の資料や、金印の金属学的組成や尺度の比較検討から、金印が漢代の遺物であることが論じられ

た（石川日出志「「漢委奴國王」金印と漢代尺・金属組成の問題」『考古学集刊』一一、二〇一五年）。

近年、総合的な公開研究会が開催され、弥生時代研究における金印の意義、漢代の印章制度や中国古代印章との比較などの視点から検討され、その成果が刊行された（特集号「「漢委奴國王」金印研究の現在」『古代学研究所紀要』〈明治大学〉二三、二〇一五年）。その他には、当時の歴史的状況からの埋納の意味の検討（田中弘之「「漢委奴国王」金印と志賀島」『駒沢史学』八六、二〇一六年）などもみられた。

このような金印の研究史と近年の動向を俯瞰すると、真贋の議論に端的に現れるように、材質や特徴に関して、各々の要素のみで単純な解釈をすることに対する疑義が生じる。より具体的にいえば、本書でもふれたように、かつては金印のつまみ部分にあたる鈕の形状が類例がないとされた蛇鈕であったが、雲南・石寨山遺跡から蛇鈕の銅印が出土し、類品の存在が明らかになった。金印そのものの例も寡聞であったが、廣陵王璽の発見で類例が知られた。これらの発見によって、既存例の詳細な考古学的検討から一定の予察が可能であることが示されたのであり、構成要素の組成と形状・形態の組列による検証が、金印のみならず、考古資料そのものに対する基本的な研究方法であることを再確認させることとなった。

魏志倭人伝と略称される『三国志』魏書東夷伝倭人条に記載される邪馬台国の卑弥呼が魏から授けられた「親魏倭王」の印については、この印面とされるものが江戸時代の印譜にあり、作為によるものであることは本書でもふれた。これが印面のみの検討だけではなく、親魏倭王印に関する遺物が発見されていないという考古資料との基本的な相関から導きだされていることも、既存資料を規範とした知見の重要性を示している。

いっぽう、当時の国際関係や社会・習俗の研究のなかで、邪馬台国の位置との関係から、その根拠ともなる卑弥呼の「親魏倭王」印についての興味・関心がもたれてきた。しかしながら、魏志倭人伝は『三国志』および東夷伝に対する編纂者の認識や意向によって成立しており、倭と倭人に関しても、同様に編纂者や同時代的認識に基づいて検証することが基本であることを確認しておきたい。

古代の印章研究

古代の印章については、初版刊行後の一九九九年には国立歴史民俗博物館研究報告第七九集として、「日本古代印の基礎的研究」という特集が組まれ、古代印に関する一四の論考に加えて、印章に関する古代史料が史料篇として示されている。取り扱われた内容は、出土印章を主体として、私印・郡印・寺院印とそれらが用いられた文書や捺された土器など多岐にわたり、古代印章に関する研究の総括となっている。

このような研究のなかでも、出土文字資料としての印章は、早い時点で知られた矢中村東遺跡（群馬県高崎市）から出土した平安時代の「物部私印」銅印を典型として、氏族名や人名が記された類例が知られており、それらが出土した遺跡と古代氏族や集団の関係を検討する根拠となっている。

地域を対象とした古代の印章研究としては、信濃地域の資料を集成し、各々についての属性を考察した研究があり（桐原健「古代信濃の私印所有者」『信濃』五五―一一、二〇〇三年）、出土印章を木簡や漆紙文書などとあわせて出土文字資料と位置づけ、地域単位の集成的研究もみられた（川原秀夫「上野国古代出土文字資料集成（木簡・漆紙文書・印章・紡錘車他）」『明和学園短期大学紀要』二一、二〇一一年）。

古代の牛馬に施されたとみられる焼印については、古代・中世の牧という視点から、包括的な検討（入間田宣夫・谷口一夫編『牧の考古学』高志書院、二〇〇八年）のなかで位置づけられ、焼印が出土した地点と放牧地とは距離があることなどが指摘されるなど、古代の牧と牛馬管理の実態およびこれと関連した地域開発が考察されている（田中広明「牧の管理と地域開発」）。また、中世後半の焼印図（永正五年〔一五〇八〕馬焼印図）と所領支配における貢進馬の内容を記した史料等から、中世東北における馬の焼印の使用と野馬の分割知行などが論じられている（入間田宣夫「中世東北の馬牧群」）。

その後も出土傾向の多い関東甲信越地域の資料について、型式と焼印の文字の分類を行い、年代を推定するとともに、出土遺跡と『延喜式』にみえる官牧の比較から、焼印出土地が官牧ではなく私牧に関連した遺跡であることが指摘されている（高津希望「関東甲信地域の古代の焼印における一考察」『信濃』六八―八、二〇一六年）。いっぽうで、中世の絵巻物にみえる擬人化された馬の衣紋にみえる焼印に注目した論考（黒田智「忘れられた馬の焼印『十二類合戦絵』の動物たち」『史淵』一五八、二〇〇八年、同氏「絵画史料論と動物史―忘れられた馬の焼印をもとめて」『歴史評論』七一五、二〇〇九年）や文献史料にみえる古代の焼印の分析がなされている（佐藤健太郎「駒牽の貢上数と焼印に関する一考察：『新撰年中行事』の記載を中心に」『史泉』一〇二、二〇〇五年、同氏『日本古代の牧と馬政官司』塙書房、二〇一六年）。

三　中世から近世の印章

中世の印章研究

本書では中世の偽文書に押捺された天皇御璽の問題について、真正な印ではないかという網野善彦氏の言説を紹介した。その後、管見の限りで、網野氏の見解を重視した方向性は、とくに偽文書の成立と系譜および波及に関する研究にみられる（及川亘「偽文書と中世史研究」、久野俊彦「〈由来〉〈由緒〉と偽文書」久野俊彦・時枝務編『偽文書学入門』柏書房、二〇〇四年）。

中世において、文書の署判の位置に書かれた村落集団の名の下に付された花押・略押（「惣判」）や印（「惣印」）について、一六世紀から一八世紀において、成立と展開を考察し、「村の公印」が成立するにいたる過程が論じられた（薗部寿樹「中世村落における惣判・惣印について」『国立歴史民俗博物館研究報告』七七、一九九九年、同氏「中世村落における惣判・惣印の形成とその意義」『史境』四二、二〇〇一年）。

戦国時代の印章・印判状に関しては、関東から九州までを対象とした総合的な研究の成果が刊行された。その内容は従来の印判状制度における機能にとどまらず、形状の意味や社会における使用実態などの印章文化まで及んでおり（有光友學編『戦国期 印章・印判状の研究』岩田書院、二〇〇六年）、今後の研究に資するものと思われる。

近世の印章と民俗事例の研究

近世の百姓印に関しては、初版刊行時点では専論がきわめて少なかったが、その後、地域を対象とした具体的かつ地道な研究が重ねられている。その代表的なものとしては、近世前期の惣百姓印、文書作成と百姓印、村社会と百姓印について、主として捺印のあり方から論じた研究がまとめられている（千葉真由美『近世百姓の印と村社会』二〇一二年、岩田書店）。また、千葉県文書館所蔵の上総国前嶋家文書を中心として、同家の百姓印使用状況を分析し、関東における近世前期の惣百姓印は村の「公印」とは言い難く、中世後期の「惣印」や近世後期の「村の公印」とは異なり、この時期特有の捺印形態を示すとする見方が示された（林進一郎「百姓印の複数所持とその使用：上総国山辺郡台方村前嶋家の分析から」『千葉県の文書館』一八、二〇一三年）。

百姓印などを製作した印判師に関しては、地誌や買物案内などの検討から、江戸の印判師の名前・店の場所・取扱品等を示し、あわせて遠隔地の百姓が江戸の印判師から印を購入していることや、印文にみえる実名は印判師が考えたことなど、印判師の活動の実態が論じられている（千葉真由美「近世百姓の印と印判師：関東諸村落と江戸の印判師を事例として」『日本歴史』八二二、二〇一六年）。

いっぽう、徳川将軍家の用いた御印判については、幕府御印判師であった佐々木家の文書によって、詳細な製作過程が明らかになっている（西光三「徳川将軍家「御印判」製作過程についての一考察―御印判師佐々木家文書を中心に」『古文書研究』六九、二〇一〇年）。

本書で紹介したように、朝鮮国が日本からの渡航者に通交を許可する証として与えた銅印である図書とそれを模造した木印をめぐって、宗家がこれを用いて日朝外交において朝鮮国王、日本国王の国書を改竄した結末として、寛永一二年（一六三五）の柳川氏による暴露事件へとつながっていく。その後、このような経緯をもとにして、日朝関係史の研究が展開している。本書の内容と関連した図書や木印の知見については、長崎県立対馬歴史民俗資料館が保管する宗氏文庫から二〇〇九年に新たに発見された図書について紹介され、あわせて対馬藩による図書受給や朝鮮への返還などについてふれられており、本来は返還されたはずの図書が残されたことに関して、今後の論点も示している（山口華代「対馬に現存する宗氏の図書二点」『アジア遊学』一七七、二〇一四年）。

牛玉（王）宝印については、『国史学』（一八七、二〇〇六年、國學院大學国史学会）誌上で「護符・牛玉宝印研究の現状と課題」と題する特集が組まれ、護符・牛玉宝印の資料論、ヨーロッパ所在の日本のお札、稲荷信仰の展開と護符、護符版木の調査の成果と課題などの論考が掲載されている。

四　東アジアの印章

東アジアの印章

東アジアにおいては、中国・韓国で印章の出土事例が増加しており、これらが出土した遺跡の報告書が刊行され、また、資料紹介等も発表されている。傾向として個々の事例の吟味が中心となり、東アジアの印章を大局的に俯瞰する機会はかえって少なくなっているが、そのなかでは、ユーラシアにおける東西交渉のなかで印章を俯瞰した論考がある（久米雅雄「東西印章史論序説：中国の印章とシルクロードの印章とオリエントの印章」『立命館大学考古学論集』三―二、二〇〇三年）。

多様な分野にわたって、今後の研究の基礎となる中国・韓国の出土印章に関して、本書と関連する近年の成果と知見を以下に瞥見しておく。

中国の印章研究

南北朝時代（五～六世紀）を中心として、漢人とは異なり、胡人と呼ばれた西域や中央アジア系の人々の墓からは貴石の印章が出土することがあり、文様等からササン朝系とみられ、主な用途が封泥であることや印章を通じた西域との人的および物質的な交渉が考察されている（岩本篤志「中国・北朝隋唐期の貴石印章とソグド人：補章　ユーラシア大陸における印章と東西交流」『東アジア：歴史と文化』一四、二〇〇五年）。

中国における印章の地域研究としては、現在の四川省に該当する巴蜀の出土遺物と所蔵資料の紹介と整理および他地域の類似資料との比較検討がなされている（成家徹郎「巴蜀印章試論」『人文科学』

〔大東文化大学人文科学研究所〕一一、二〇〇六年）。

封泥については、観峰館（滋賀県東近江市）所蔵資料の地道な報告が積み重ねられ（瀬川敬也「観峰館所蔵封泥」『観峰館紀要』五～七、二〇〇九～二〇一一年）、また、大学所蔵コレクションの整理と公開がなされるなど（藤田高夫「関西大学蔵非典籍文字史料の整理と公開：内藤文庫「漢封泥」を例に」『関西大学アジア文化研究センターディスカッションペーパー』五、二〇一三年）の堅実な研究がみられた。

科学的な方法としては、東京国立博物館所蔵の戦国秦漢時代の封泥六百余点のうち、四四点について、X線画像を用いて分析し、前漢末から王莽の新代にかけて、封泥内部に糸を通す方式から、通さない方式へと変化したことが明らかになった（谷豊信「X線画像による古代中国封泥の研究」『Museum』六六四、二〇一六年）。

本書では取り扱わなかった印学は、中国の元時代以来、印章・篆刻を専門に著述された学問であり、書学における書論のように、印章・篆刻に関する理論の記された著録である印論に関しては、日本における体系的な研究を目指して、中国と日本の研究の集成と紹介がなされた（川内佑毅「中国印論研究序説」書道学論集：大東文化大学大学院書道学専攻院生会誌一一、二〇一三年）。印面や篆刻そのものの検討とは別の視点で、印学を史的に位置づける試みといえよう。

韓国の印章研究

近年の活発な遺跡調査によって韓国では印章の出土例が増加しているが、管見では出土した印章に関する専論や体系的な研究は寡聞して知らず、今後に負うところが多い。

焼成前の瓦に捺印された印刻瓦に関しては、百済地域の遺物に関して、刻字に干支を示す字句が多いことや、窯址出土資料では瓦当文と刻印との相関から、操業時期や刻印瓦の使用時期を推定する手がかりとなることが指摘された（高正龍「百済刻印瓦覚書」『朝鮮古代研究』八、二〇〇七年）。いっぽう、三国・統一新羅時代を中心とした山城の出土遺物を検討し、陰刻文字・銘文のある瓦を含む瓦を使用した建物の存在する山城は、王城やそれに関連する山城、地方の拠点的な山城とみる見解（亀田修一「百済山城と刻印瓦の階層性（予察）」『半田山地理考古』二、二〇一四年）が示されている。

その他では百済最後の都である泗沘都城（忠清南道扶余邑）から出土した文字遺物が集成され、多数の刻印瓦・刻印土器が紹介された（沈相六「百済泗沘都城出土の文字遺物」『古代学研究所紀要』〈明治大学〉二三、二〇一五年）。

まとめにかえて—印章研究の現状と展望

ここまで述べてきた初版刊行後の印章に関する研究動向の展開は、以下のようにまとめられる。

1　考古資料としての印章・印刻遺物などの増加とそれによる研究の多様化。

2　文献史料と考古資料の相対的な研究の深化。

3　金印研究その他にみられる東アジア的視点からの研究の進展。

4　中世・近世の印章研究における堅実な知見と成果の蓄積。
5　封泥研究等にみられる科学的手法の応用。
6　印章資料（印譜・篆刻等を含む）のデータベース化と公開。

このような研究内容と方法の展開がみられたが、初版刊行後の印章研究そのものは他の対象と比して、数的には多いとはいえない。その理由は印章の研究には物質資料としての側面だけでなく、社会・文化・経済などの考察が不可欠であることによる。すなわち、印章は複合的な要素をもつ難解な資料であり、歴史学・考古学その他の知見を動員して考察する応用編ともいうべき研究対象である。そのため、今後も時代・地域・研究方法などの多様な要素を包摂しつつ、個別資料の堅実な知見の蓄積とともに、文字文化の重要な要素として位置づけられていくと思われる。印章は歴史や文化を具象化する物質資料であり、文献史料や考古資料、民俗資料などの異種の史・資料を媒介し、歴史情報を接合する要素をもつ対象として、研究が深化されていくことになろう。

本書の原本は、一九九七年に大巧社より刊行されました。

著者略歴
一九五九年　大阪府貝塚市に生まれる
一九八四年　同志社大学大学院文学研究科修士課程修了
学校法人同志社埋蔵文化財委員会調査主任、佛教大学講師、助教授を経て、
現　在　佛教大学歴史学部歴史文化学科教授

〔主要著書〕
『古代東アジア地域相の考古学的研究』（学生社、二〇〇六年）、『高句麗壁画古墳と東アジア』（思文閣出版、二〇一一年）、『東アジア古代金石文研究』（法藏館、二〇一六年）

読みなおす日本史

はんこと日本人

二〇一八年（平成三十）十月一日　第一刷発行

著　者　門《もん》田《た》誠《せい》一《いち》
発行者　吉川道郎
発行所　株式会社　吉川弘文館
郵便番号一一三―〇〇三三
東京都文京区本郷七丁目二番八号
電話〇三―三八一三―九一五一〈代表〉
振替口座〇〇一〇〇―五―二四四
http://www.yoshikawa-k.co.jp/
組版＝株式会社キャップス
印刷＝藤原印刷株式会社
製本＝ナショナル製本協同組合
装幀＝渡邉雄哉

ISBN978-4-642-06767-6

刊行のことば

現代社会では、膨大な数の新刊図書が日々書店に並んでいます。昨今の電子書籍を含めますと、一人の読者が書名すら目にすることができないほどとなっています。ましてや、数年以前に刊行された本は書店の店頭に並ぶことも少なく、良書でありながらめぐり会うことのできない例は、日常的なことになっています。

人文書、とりわけ小社が専門とする歴史書におきましても、広く学界共通の財産として参照されるべきものとなっているにもかかわらず、その多くが現在では市場に出回らず入手、講読に時間と手間がかかるようになってしまっています。歴史の面白さを伝える図書を、読者の手元に届けることができないことは、歴史書出版の一翼を担う小社としても遺憾とするところです。

そこで、良書の発掘を通して、読者と図書をめぐる豊かな関係に寄与すべく、シリーズ「読みなおす日本史」を刊行いたします。本シリーズは、既刊の日本史関係書のなかから、研究の進展に今も寄与し続けているとともに、現在も広く読者に訴える力を有している良書を精選し順次定期的に刊行するものです。これらの知の文化遺産が、ゆるぎない視点からことの本質を説き続ける、確かな水先案内として迎えられることを切に願ってやみません。

二〇一二年四月

吉川弘文館

読みなおす日本史

飛　鳥　その古代史と風土	門脇禎二著	二五〇〇円
犬の日本史　人間とともに歩んだ一万年の物語	谷口研語著	二一〇〇円
鉄砲とその時代	三鬼清一郎著	二一〇〇円
苗字の歴史	豊田　武著	二一〇〇円
謙信と信玄	井上鋭夫著	二三〇〇円
環境先進国・江戸	鬼頭　宏著	二一〇〇円
料理の起源	中尾佐助著	二一〇〇円
暦の語る日本の歴史	内田正男著	二一〇〇円
漢字の社会史　東洋文明を支えた文字の三千年	阿辻哲次著	二一〇〇円
禅宗の歴史	今枝愛真著	二六〇〇円
江戸の刑罰	石井良助著	二一〇〇円
地震の社会史　安政大地震と民衆	北原糸子著	二八〇〇円
日本人の地獄と極楽	五来　重著	二一〇〇円
幕僚たちの真珠湾	波多野澄雄著	二二〇〇円
秀吉の手紙を読む	染谷光廣著	二一〇〇円
大本営	森松俊夫著	二二〇〇円
日本海軍史	外山三郎著	二一〇〇円
史書を読む	坂本太郎著	二一〇〇円
山名宗全と細川勝元	小川　信著	二二〇〇円
東郷平八郎	田中宏巳著	二四〇〇円
昭和史をさぐる	伊藤　隆著	二四〇〇円
歴史的仮名遣い　その成立と特徴	築島　裕著	二二〇〇円

読みなおす
日本史

時計の社会史　角山　榮著　二二〇〇円
漢　方　中国医学の精華　石原　明著　二二〇〇円
墓と葬送の社会史　森　謙二著　二四〇〇円
悪　党　小泉宜右著　二二〇〇円
戦国武将と茶の湯　米原正義著　二二〇〇円
大佛勧進ものがたり　平岡定海著　二二〇〇円
大地震　古記録に学ぶ　宇佐美龍夫著　二二〇〇円
姓氏・家紋・花押　荻野三七彦著　二四〇〇円
安芸毛利一族　河合正治著　二四〇〇円
三くだり半と縁切寺　江戸の離婚を読みなおす　高木　侃著　二四〇〇円
太平記の世界　列島の内乱史　佐藤和彦著　二二〇〇円

白　隠　禅とその芸術　古田紹欽著　二二〇〇円
蒲生氏郷　今村義孝著　二二〇〇円
近世大坂の町と人　脇田　修著　二五〇〇円
キリシタン大名　岡田章雄著　二二〇〇円
ハンコの文化史　古代ギリシャから現代日本まで　新関欽哉著　二二〇〇円
内乱のなかの貴族　南北朝と「園太暦」の世界　林屋辰三郎著　二二〇〇円
出雲尼子一族　米原正義著　二二〇〇円
富士山宝永大爆発　永原慶二著　二二〇〇円
比叡山と高野山　景山春樹著　二二〇〇円
日　蓮　殉教の如来使　田村芳朗著　二二〇〇円
伊達騒動と原田甲斐　小林清治著　二二〇〇円

読みなおす日本史

地理から見た信長・秀吉・家康の戦略　足利健亮著　二二〇〇円

神々の系譜　日本神話の謎　松前　健著　二四〇〇円

古代日本と北の海みち　新野直吉著　二二〇〇円

白鳥になった皇子　古事記　直木孝次郎著　二二〇〇円

島国の原像　水野正好著　二四〇〇円

入道殿下の物語　大鏡　益田　宗著　二二〇〇円

中世京都と祇園祭　疫病と都市の生活　脇田晴子著　二二〇〇円

吉野の霧　太平記　桜井好朗著　二二〇〇円

日本海海戦の真実　野村　實著　二二〇〇円

古代の恋愛生活　万葉集の恋歌を読む　古橋信孝著　二四〇〇円

木曽義仲　下出積與著　二二〇〇円

足利義政と東山文化　河合正治著　二二〇〇円

僧兵盛衰記　渡辺守順著　二二〇〇円

朝倉氏と戦国村一乗谷　松原信之著　二二〇〇円

本居宣長　近世国学の成立　芳賀　登著　二二〇〇円

江戸の蔵書家たち　岡村敬二著　二四〇〇円

古地図からみた古代日本　土地制度と景観　金田章裕著　二二〇〇円

「うつわ」を食らう　日本人と食事の文化　神崎宣武著　二二〇〇円

角倉素庵　林屋辰三郎著　二二〇〇円

江戸の親子　父親が子どもを育てた時代　太田素子著　二二〇〇円

埋もれた江戸　東大の地下の大名屋敷　藤本　強著　二五〇〇円

真田松代藩の財政改革　『日暮硯』と恩田杢　笠谷和比古著　二二〇〇円

吉川弘文館
（価格は税別）

読みなおす
日本史

- 日本の奇僧・快僧　今井雅晴著　二二〇〇円
- 平家物語の女たち　大力・尼・白拍子　細川涼一著　二二〇〇円
- 戦争と放送　竹山昭子著　二四〇〇円
- 「通商国家」日本の情報戦略　領事報告を読む　角山　榮著　二二〇〇円
- 日本の参謀本部　大江志乃夫著　二二〇〇円
- 宝塚戦略　小林一三の生活文化論　津金澤聰廣著　二二〇〇円
- 観音・地蔵・不動　速水　侑著　二二〇〇円
- 飢餓と戦争の戦国を行く　藤木久志著　二二〇〇円
- 陸奥伊達一族　高橋富雄著　二二〇〇円
- 日本人の名前の歴史　奥富敬之著　二四〇〇円
- お家相続　大名家の苦闘　大森映子著　二二〇〇円

- はんこと日本人　門田誠一著　二二〇〇円
- 城と城下　近江戦国誌　小島道裕著　（続　刊）
- 江戸城御庭番　徳川将軍の耳と目　深井雅海著　（続　刊）
- 中世の東海道をゆく　京から鎌倉へ、旅路の風景　榎原雅治著　（続　刊）
- 日本における書籍蒐蔵の歴史　川瀬一馬著　（続　刊）
- 戦国時代の終焉　「北条の夢」と秀吉の天下統一　齋藤慎一著　（続　刊）

吉川弘文館
（価格は税別）